BOWLING
볼링 기초 가이드

기본이론과 실전을 위한 ……

일신서적출판사

●머리말

　스포츠로서의 볼링의 장점은 수많은 스포츠 종목 중에서도 비교적 간단하게 누구나 즐기며 플레이할 수 있는 데에 있다. 게다가, 프로의 토너먼트 등을 보면 알 수 있듯이 그 테크닉은 말할 것도 없고 정신적으로도 매우 깊고 오묘한 스포츠이다.
　볼링이 지니고 있는 이 간단함과 깊고 오묘함은 한편으로는 대중 스포츠로서, 다른 한편으로는 전국 체전에서의 공개 경기 채용, 아시아 선수권 대회에서의 정식 종목화, 그리고 88년 서울 올림픽에서의 공개 경기 등으로 다방면에서 또다시 주목을 받고 있다.
　이 같은 시기에 처음으로 볼링을 시작하는 사람과 한 걸음 더 전진하기를 바라는 사람을 대상으로 알기 쉽게 지도하는 볼링 책이 나온다는 것은 뜻있는 일이 아닐 수 없다.
　어떤 스포츠에도 말할 수 있는 일이지만 처음의 단계가 제일 중요하기 때문이다. 그저 즐기기만 하면 된다는 사람도, 스포츠성, 경기성을 중시하여 연습을 계속하고 있는 사람이라도 이 점을 소홀히 한다면 다음 스텝에서는 절대로 향상하지 않는다. 더구나 아름답고 정확한 폼으로 던진다는 것은 있을 수 없는 일이다.
　또 한 가지 잊으면 안 되는 중요한 것은 매너, 에티켓, 룰을 지키는 일이다. 이것은 볼링의 기본 중의 기본이라고 할 수 있다. 이것을 갖추지 못한다면 마음으로 볼링을 즐길 여유도 가지지 못할 것이다. 그렇게 된다면 당연히 숙달도 되지 못하게 된다.
　아무쪼록 에티켓, 룰을 지켜 기본을 익히고 아름답고 정확한 폼으로 던지는 것을 목적으로 하면서 즐거운 볼링을 계속해 주기 바란다. 그렇게 하면 틀림없이 톱 볼러의 아름답고 정확한 폼이 왜 중요한지 납득할 수 있게 될 것이다. 그때 볼링의 참된 즐거움과 근사함도 알 수 있게 될 것으로 믿는다.

스포츠 서적 편집실

… 차 례

STEP 1 기본을 익히자 ─────── 9
1 레인 레이아웃과 용구 … 10
- 레인 / 10
- 핀 / 12
- 슈즈 / 13
- 볼 / 14

2 매너와 에티켓 … 18

STEP 2 기초 테크닉 ─────── 23
1 도움닫기 테크닉을 마스터하자 … 24
- 그립자세 / 24
- 주위 볼러의 자세 / 26
- 도움닫기의 기본은 네 걸음 도움닫기 / 28
- 어드레스의 위치를 정하는 법 / 30
- 제1보(푸시 어웨이) / 34
- 제2보(다운 스윙) / 36
- 제3보(백 스윙) / 37
- 최종 스텝(슬라이드와 릴리즈) / 40
- 던진 후의 폼(폴로 스루) / 42
- 다섯 걸음 도움닫기 / 43

2 스포트는 최대의 자기편 … 46
- 타깃팅 애로 / 47
- 도움닫기에 필요한 스포트 / 49
- 2번 스포트를 이용한 연습법 / 50

STEP 3 다섯 가지의 코스를 마스터하자 —53

1 스트라이크의 조건 … 54
- 스트라이크 코스란? / 54
- 포켓 스트라이크 코스의 연습법 / 56

2 스페어를 잡기 위한 기본 … 58
- 스트라이크보다 스페어가 중요하다? / 58
- 스페어를 잡기 위한 세 가지 조건 / 59
- 다섯 가지의 코스를 마스터하자 / 60
- 스트라이크 코스 / 61
- 브룩클린 코스 / 63
- ⑦번 핀 코스 / 64
- ⑨번 핀 코스 / 65
- ⑩번 핀 코스 / 66

3 실전 스페어 테크닉 … 68
- 키 핀을 히트시키자 / 68
- 핀의 어디에 맞추면 되는가 / 69
- 스페어는 보다 확실한 각도에서 / 70
- 가능한 한 볼로 쓰러뜨려라 / 71
- 인 더 다크의 공략법 / 72
- 워시 아웃 / 73
- 살짝 스치게 해서 잡는 어려운 스플리트 / 74
- 평행 스플리트는 단념하라 / 75

STEP 4 레벨 업에 도전하자 ——— 77

1 여러 가지 구종에 도전해 보자 … 78
- 훅 볼 / 79
- 스트레이트 볼 / 85
- 커브 볼 / 87

- 백 업 볼 / 89

2 볼의 회전을 업해 보자 … 90
- 상급자일수록 회전하고 있다 / 90
- 롤링 타입을 체크 / 91
- 세 가지의 롤링 타입 / 93
- 차이는 리스트 액션으로 정한다 / 95
- 역시 기본은 세미 롤링 / 95

3 레인 컨디션을 파악하자 … 96
- 오일이 전부를 지배한다 / 96
- 빠른 레인과 느린 레인 / 98
- 레인은 각각으로 변화한다 / 100
- 레인 컨디션이 바뀌어도 / 101

4 자기만의 오더 메이드 … 103
- 마이 볼을 가지자 / 103
- 처음에는 값싼 볼로도 충분하다 / 104
- 그립 / 104
- 피치(손가락 구멍의 각도) / 106
- 마이 볼은 엄지가 빠지는 것이 결정타 / 107
- 완성되고서의 미조정도 잊지 말자 / 107

STEP5 실전 테크닉 ——— 109

1 3·1·2, 3·4·5 이론을 마스터하자 … 110
- 3·1·2의 레인 레이아웃 / 110
- 우선 스트라이크 코스에서 응용 / 112
- 3·1·2의 응용, 3·6·9 이론 / 114
- 3·4·5 이론 / 116
- 초심자에게 유용한 평행 이동 / 118
- 오른쪽에 남기는 3번 애로를 노린다 / 119

2 실례 스페어를 노리는 법 … 120

STEP 6 최종 체크 ─────────── 145

1 투구 폼의 체크 … 146
- 스텐스 어드레스 / 146
- 푸시 어웨이 / 150
- 다운 스윙 / 154
- 백 스윙 / 154
- 릴리즈 / 156

2 증례별 결점 체크 … 160
- 드롭핑 볼이 많다 / 160
- 브룩클린 스트라이크가 많다 / 162
- ⑦번 핀 ⑩번 핀을 잡지 못한다 / 164
- 볼에 스피드가 없다 / 165
- 네 걸음 도움닫기 리듬이 맞지 않는다 / 166
- 거터가 많다 / 167

부록 스코어를 매기는 법 ─────── 169

1 스코어를 매기는 법 … 170
- 스코어 마크 / 170
- 스코어 계산법 / 172

2 볼링 용어해설 … 173

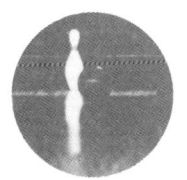

당신의 실력향상은 곧
一信의 자랑입니다.
● 一信·스포츠 서적 편집실 ●

STEP 1
기본을 익히자

- 레인 레이아웃과 용구
- 매너와 에티켓

1. 레인 레이아웃과 용구

레인

레인에는 세계 공통의 통일 규격이 정해져 있다. 규격은 매우 엄격해서 몇 치의 오차도 허용되지 않기 때문에 어느 볼링장에 가도 레인의 레이아웃은 모두 동일하다.

파울 라인에서 레인의 엔드 라인까지의 거리는 약 19m이다. 늘어선 핀의 선두에 해당하는 1번 핀까지는 18m 6cm(60피트)로 정해져 있다.

재질은 수입된 단풍나무와 소나무 목재인데, 최근에는 합성 목재 등도 일부에서는 쓰고 있다.

레인의 표면에는 보드라고 부르는 널빤지를 가늘고 길게(나비 약 2.54cm) 자른 것이 좌우의 거터 사이에 합계 39매가 정확히 붙어 있다. 그 수평도는 비록 1mm의 오차나 일그러짐도 공식 시합의 레인으로서는 쓰이지 못하기 때문에 제조할 때나 개조할 때에 엄격히 체크되고 있다.

레인의 표면에는 레인 컨디션을 유지하기 위해 오일을 바르고 있다.

오일을 바른 상태가 두텁거나 엷거나 하는 것으로 볼의 속도도 변화한다.

이처럼 정밀히 설계, 시공된 레인이라도 초심자가 흔히 범하는 쿵 하고 볼을 떨구는 것 같은 던지기를 하게 되면 당장 레인에 이그러짐이나 불균형이 생기고 만다.

처음에는 하는 수 없겠지만 되도록이면 레인을 다치지 않게 던지도록 힘써 주기 바란다.

● 레인의 각 부 명칭

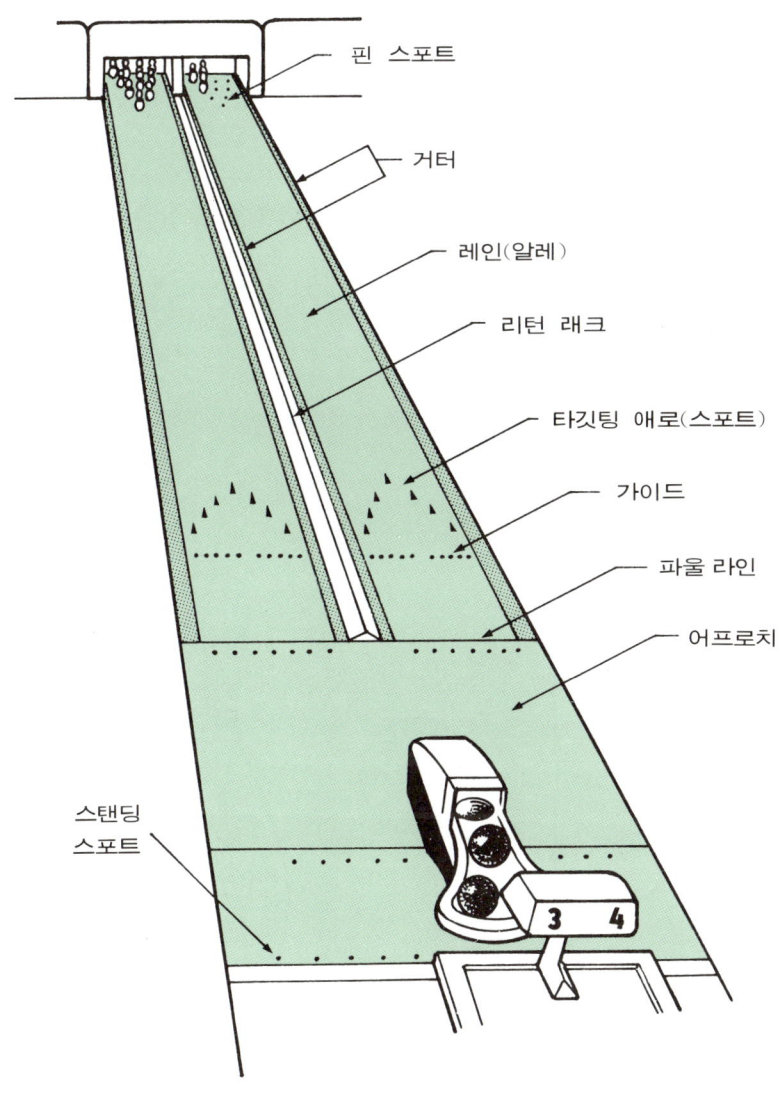

핀

독특한 스타일을 한 핀도 모두 국제 규격에 따르고 있다. 높이는 38cm(15인치), 몸통의 가장 굵은 부분은 둘레 12cm(4.75인치), 밑바닥 부분은 지름 6cm(2.25인치)로 정해져 있다.

무게는 1217g 이상, 1644g 이하로 되어 있으며 10개 핀의 최고와 최저 무게 차이는 113g을 초과해서는 안 된다.

핀의 배치도를 보면 잘 알 수 있듯이 10개의 핀을 한 번 던지는 것만으로 모두 쓰러뜨리는 것은 아주 어렵게 되어 있다.

각 핀의 중심과 중심 사이는 약 30.5cm, 평행으로 늘어놓은 핀의 사이는 약 18.5cm이고 볼의 지름은 21.5cm이니, 정확한 컨트롤이 없으면 2개의 평행 핀을 쓰러뜨릴 수가 없다. 이 사실이 볼링을 깊고 오묘한 스포츠로 되게 한 것이다.

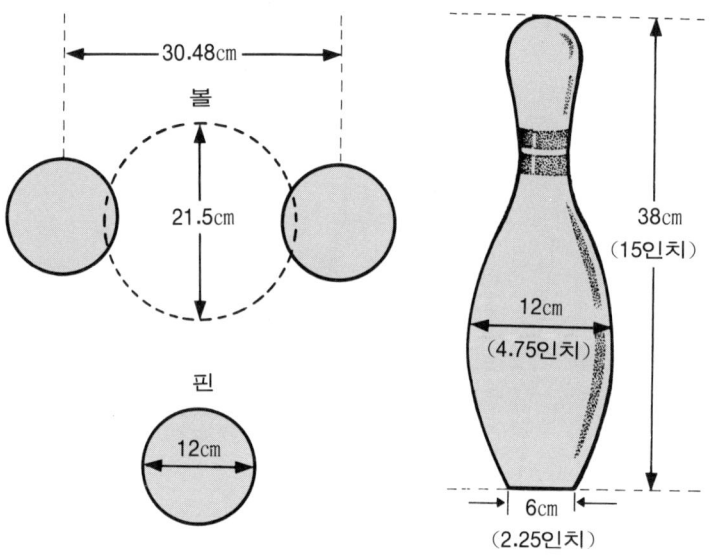

슈즈

볼링장에서는 의무적으로 볼링 슈즈를 신도록 되어 있다. 이것은 마루의 목재 보호 기능과 볼링 게임에 가장 적합한 기능을 볼링 슈즈가 지니고 있기 때문이다.

프로나 고참자는 자기 슈즈를 가지고 있지만 보통은 볼링장에서 대여해 주는 신발을 빌려 쓰고 있다. 마이 슈즈와 하우스 슈즈의 차이는 구두창이다. 마이 슈즈의 경우는 오른손잡이 사람이면 오른발, 왼손잡이 사람이면 왼발의 밑바닥에 브레이크의 역할을 하는 미끄럼 멈춤이 달려 있다. 이것은 오른손잡이 사람일 경우 어프로치와 피니시 때에 오른발은 미끄럼 멈춤과 브레이크의 역할을 하고, 왼발은 반대로 피니시에서 미끄러지게 해 볼에다 기세를 돋구게 하는 역할을 한다.

이것에 대해 하우스 슈즈는, 구두창이 어느 쪽이나 잘 미끄러지게 되어 있는 것이 대부분이다. 최근에는 오른손잡이에 쓰이는 것, 왼손잡이에 쓰이는 것을 갖춘 볼링장도 늘고 있으나, 하우스 슈즈로 두 발 다 미끄러지게 되어 있는 슈즈일 경우는 별로 브레이크가 듣지 않는다는 점을 고려해서 던지도록 유념해야 한다.

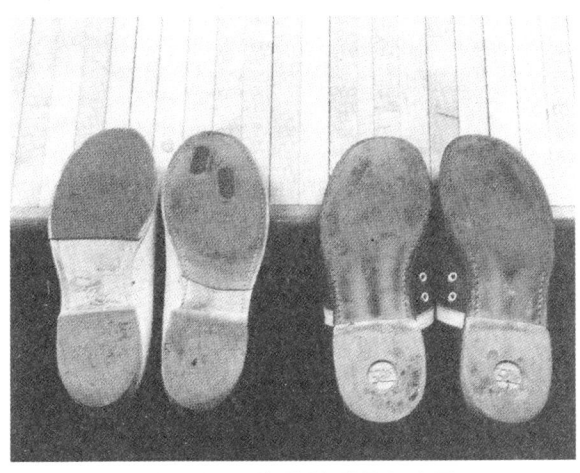

마이 슈즈(왼쪽)와 하우스 슈즈

볼

볼링장에는 빈손으로 와도 누구나 게임을 할 수 있도록 많은 볼(하우스 볼)이 준비되어 있다. 각기 무게나 손가락을 넣는 3개의 구멍 위치도 조금씩 다르다.

초심자가 가장 망설이는 것은 어느 볼을 사용하면 자기에게 꼭 어울리는 볼일까 하는 점일 것이다. 자기에게 맞는 볼을 찾아내기 위해서는 두 가지의 포인트가 있다.

● 무게

볼의 무게는 최고가 16파운드(7.25kg)로 정해져 있으며 이하 1파운드 새김으로 되어 있다. 주니어용에 8파운드나 6파운드 볼도 있지만 보통 성인용으로는 10파운드 이상의 볼이 쓰이고 있다.

상식적으로 생각해 보면, 볼링에서는 볼이 무거우면 무거울수록 그 파괴력은 커진다. 그러나 그렇다고 해서 자유로이 컨트롤할 수 없는 무게의 볼을 던지면 스피드나 컨트롤도 붙지 않고, 도리어 역효과를 내고 만다.

일반적으로 공의 무게는 체중의 10분의 1이라고 하나 너무 구애받을 필요는 없다. 체중과 힘은 꼭 일치하지 않기 때문이다. 일단 다음의 기준으로, 우선 무게를 정하기 바란다.

- 주니어는 6파운드나 8파운드.
- 팔의 힘에 자신이 없는 여성은 12파운드 이하.
- 보통 남성과 힘에 자신이 있는 여성은 13파운드나 14파운드.
- 팔의 힘에 자신이 있는 남성은 15파운드나 16파운드.

물론 대강의 기준이기 때문에 더 무거운 볼이라도 좋다고 생각하면 무거운 볼로 바꾸고 너무 무거워서 지칠 것 같으면 가벼운 볼로 바꾸기 바란다.

처음에는 비교적 가벼운 볼을 던지고 있어도 팔이 숙달되는 것에 따라 무거운 볼도 던질 수 있게 되는 법이다. 무거워지면 명중하는 힘도 늘어나기 때문에 처음에는 무리를 하지 말고 조금씩 무게를 위의 것이 되게 하도록 한다.

● 그립

그립도 볼을 택하는 데 있어서는 중요한 포인트이다. 손가락을 넣는 구멍이 꼭 어울리게 되면 좀 무거울 듯한 볼이라도 편히 던질 수 있게 된다.

야구의 방망이나 골프의 클럽은 양손을 이용해서 꽉 쥐는 그립이지만 볼링의 경우는 엄지(세미)와 중지·약지(핑거)의 세 구멍으로 볼을 그

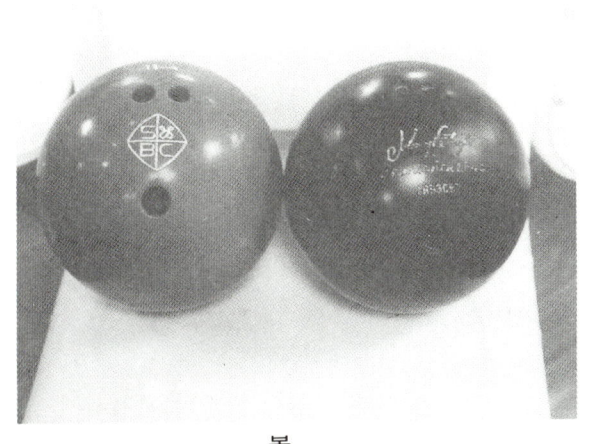

볼

립하지 않으면 안 된다. 손가락이 긴 사람과 짧은 사람, 굵은 사람과 가느다란 사람 등 다양할 테니 자기에게 맞는 그립의 볼을 찾아내는 것은 조금 어려운 일이다.

하우스 볼 중에서 자기에게 어울리는 볼을 택하기 위해서는 두 가지 요소를 체크할 필요가 있다. 하나는 구멍의 크기, 또 하나는 각 손가락 구멍의 간격이다.

손가락 구멍의 크기 중에서는 특히 엄지의 구멍 크기가 중요하다. 엄지가 빠지지 않을 만큼 빠듯한 구멍은 말할 것도 없으나, 반대로 느슨해서 엄지가 구멍 안에서 놀고 있는 것 같은 구멍도 피트하지 않는다. 손가락을 빙글 돌려 보고서 압박감이 없고 가볍게 벽에 닿는 것 같은 손가락 구멍이 가장 이상적이다.

손가락 구멍의 크기 이상으로 중요한 것이 스팬이다. 스팬이란 엄지에서 중지·약지까지의 간격을 말하는 것으로 이것이 피트해 있지 않으면 뜻대로 볼을 던질 수가 없다.

초심자가 자기에게 맞는 스팬의 볼을 택하자면 우선 엄지를 깊숙하게 끝까지 넣고, 이어서 중지와 약지를 각각의 구멍 위에 펴보기 바란다. 이때 중지와 약지의 제2관절이 구멍의 중앙 부분에 오는 것 같은 스팬의 볼이 이상적이다. 왜 중앙 부분에 맞추느냐 하면, 구멍 바로 앞에 맞추면 손이 다 뻗은 상태에서 던져야만 하고 무리한 그립이 되기 때문이다. 반대로, 스팬이 너무 가까워도 볼과 손 사이에 공간이 생기게 된다.

엄지를 깊이 넣고 약지와 중지의 제2관절에서 볼을 쥐었을 때에 연필 하나 정도 들어갈 만큼의 여유가 있으면 최상의 볼이다.

주의해 두지 않으면 안 되는 것은 하우스 볼의 경우, 각 무게마다 사용하는 사람의 평균치에 가까운 구멍을 뚫어 놓고 있다는 것이다. 여성이 사용하는 일이 많은 12파운드이면 여성에게 맞는 구멍을 뚫어 놓고, 16파운드에서는 반대로 여성이면 손가락이 미치지 않는 손이 큰 남성에게 알맞은 구멍을 뚫어 놓고 있는 것이다. 따라서 극단으로 가벼운 볼을 남성이 사용하려고 해도 스팬이 너무 짧아서 사용할 수 있는 볼이 없을 경우가 많다. 여성이 무거운 볼을 사용하고 싶을 때도 마찬가지이다.

이상적인 무게, 구멍, 스팬, 브리지(중지와 약지의 간격)의 볼을 찾아내는 것은 하우스 볼에서는 어렵기 때문에 무게와 스팬을 중점적으로 생각해서 선택하기 바란다.

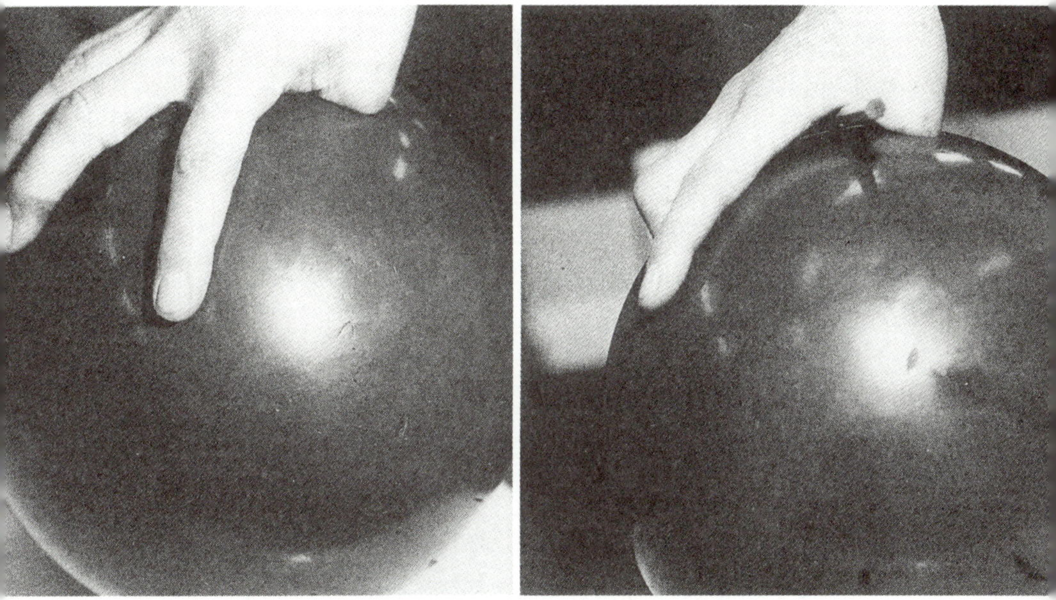

자기에 맞는 스팬의 볼을 찾아낸다

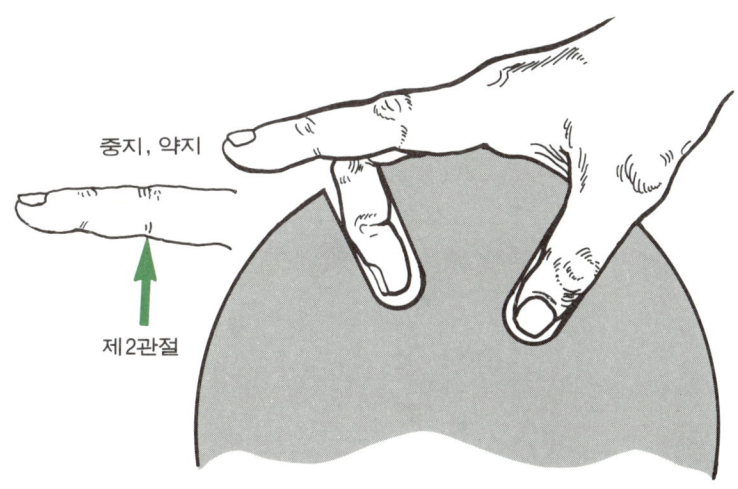

중지, 약지

제2관절

STEP 1 기본을 익히자

2. 매너와 에티켓

볼링장에는 자기 친구 외에 많은 사람들이 플레이를 즐기려고 온다. 당연한 일이지만 모두가 즐겁게 플레이할 수 있도록, 매너를 지키고 에티켓을 터득하고서 게임을 하지 않으면 안 된다. 즐기기 위해서 최소한의 매너를 지키도록 힘쓰기 바란다.

● 우선 순위

1레인만의 볼링장은 거의 없고, 수십 레인의 볼링장이 대다수이다. 이때에 인접한 레인의 사람이 투구 동작에 들어가 있는 데도 옆 레인에서 투구 동작에 들어가면 정신 통일이 흐트러지는 데다 무엇보다도 위험하다.

옛날부터 "오른쪽 우선"이란 룰이 있어서 동시에 투구 동작에 들어갔을 때는 왼쪽에서 투구를 기다리게 되어 있다. 그러나 이것은 오른쪽, 왼쪽 관계없이 먼저 어프로치에 오른쪽이 먼저 투구한다고 알아주기 바란다.

시간을 겨루는 경기가 아니기 때문에 여유를 가지고 옆 사람이 완전하게 투구를 끝내기까지 기다려서 투구하도록 하자.

● 음료수를 흘리지 않도록 하자

음료수는 벤치에 앉아서 마실 수 있도록 되어 있는데 마실 때 마루에 흘리지 않도록 조심하기 바란다.

당분이 섞여 있기 때문에 구두창에 묻으면 볼링 슈즈가 미끄러지지 않게 된다.

그리고 그 구두로 어프로치하면 마찬가지로 미끄러지지 않게 된다.

부디 음료수를 마루에 흘리지 않도록 조심하기 바란다.

● 멋대로 파우더를 뿌리지 않는다

중급의 기술을 가진 사람에게 많은데 "어프로치가 미끄러지지 않는다"는 이유 때문에 멋대로 파우더를 어프로치의 슬라이드 자리에 흩뿌리고 있는 사람이 있다.

깔끔하게 관리하고 있는 볼링장으로서는 반대로 어프로치가 거칠어져 싫어한다.

파우더는 자기 신발에만 살짝 바르는 정도로 그치기 바란다.

STEP 1 기본을 익히자

● 던지고 나면 빨리 벤치로
 곧잘 보게 되는 경우가 스트라이크나 스페어를 냈을 때 뛰어올라 기세 등등한 자세를 취하는 사람이다. 어느 정도의 액션은 게임을 북돋고 즐거운 법이지만 그 기세가 지나쳐 옆 레인에 발을 들여놓거나 게임의 진행을 방해하는 것 같은 액션은 안 된다. 액션은 적당히 하자.

● 남의 볼을 사용하지 않는다
 아무리 하우스 볼이라도 선택한 이상 그 사람의 볼이다. 멋대로 남의 볼을 사용하면 안 된다. 진행에도 난조가 생긴다. 빌릴 때에 자기 볼의 번호를 확실히 기억하기 바란다.

● 어프로치에는 볼링 슈즈로
 동행자로 볼링 슈즈 이외의 신발을 신고 있는 사람은 절대로 어프로치에 들어가지 않도록 하기 바란다.

● 파울 라인을 넘지 않는다

공식 시합이면 파울 라인에 광학식(光學式)의 측정기가 있어서 벨이 울려 핀이 리세트되고 만다.

그러나 일반 볼링장에서는 스위치를 끄고 있기 때문에 태연히 파울 라인을 넘는 사람이 있다.

이것은 완전히 룰 위반이다. 스코어 카드에 F마크를 기입해서 0점이 되게 하지 않으면 안 된다. 그러나 대체적으로 파울은 F를 기입하지 않고 쓰러진 핀의 득점을 기입하는 사람들이 많은 실정이다. 절대로 그만두기 바란다.

이것은 룰 위반인 동시에 레인에 바른 오일을 밟아 버리게 되기 때문에 어프로치의 슬라이드 에어리어에 그 오일을 가지고 들어오게 됨으로써 어프로치의 컨디션이 빗나가게 되는 피해를 끼치게 된다.

올바른 스텝을 익히기 위해서도 파울에 대해서는 엄격히 룰대로 조처하기 바란다.

● 로프트 볼은 그만두자

초심자나 힘이 약한 여성에게 많은 법인데, 볼을 릴리즈할 때에 쿵 하고 레인에 떨어뜨리는 것 같은 던지기를 하는 사람이 있다. 올바른 폼을 익히지 않았거나 볼이 너무 무겁거나 여러 가지의 이유가 있을 테지만 볼링장에서는 가장 기피하는 던지기이다.

이런 던지기를 로프팅이라고 하고 쿵 하고 떨어뜨린 볼을 로프트 볼이라고 하는데, 기피하게 되는 이유는 레인에 흠이 생겨 컨디션이 빗나가게 되기 때문이다.

던지는 쪽으로서도 내던져진 볼에는 기세가 없고, 파괴력도 극단적으로 감소해 버리게 되는 것 같은 결점을 가지고 있다.

로프팅이 계속될 것 같으면 폼이나 볼의 어딘가에 잘못이 있다는 것을 깨달아 발견하고 수정하도록 힘쓰기 바란다.

STEP 2
기초 테크닉

- 도움닫기 테크닉을 마스터하자
- 스포트는 최대의 자기편

1. 도움닫기 테크닉을 마스터하자

그립 자세

처음으로 볼링 볼을 쥔 사람은 볼의 무게에 당황할지도 모른다. 아무튼 가벼워도 5kg, 무거운 것은 약 7kg이나 되는 것이니, 이런 무거운 볼을 멀리 있는 핀까지 굴릴 수 있을 것인가 하고 불안해 하는 사람도 많을 것이다.

그렇지만 안심하기 바란다.

이 책에 따라 폼을 배우고 연습하면 누구나 멋진 폼으로 높은 득점을 얻을 수가 있다.

볼은 손바닥을 위로 향한 상태에서 받치고, 비어 있는 쪽의 손으로 가볍게 볼을 받친다. 오른손잡이 사람은 오른손의 엄지, 중지, 약지를 구멍에 넣어 밑에서 볼을 받치고 왼손으로 그것을 보조하게 된다. 왼손잡이 사람은 그 반대이다. 지금은 대부분의 볼링장에서 왼손잡이용의 볼을 준비하고 있기 때문에 왼손잡이 사람도 왼팔로 볼을 던지도록 힘쓰기 바란다.

만약 볼을 받쳤을 때, 손목에 강한 부담이 가해져 밑으로 휘어지는 것 같은 아픔이 있을 때는 볼이 너무 무거운 경우이다. 스냅의 힘이 볼의 무게를 감당하지 못하는 것이다. 그런 무거운 볼로 연습하면 손목을 다치고 만다. 1~2파운드 가벼울 듯한 볼로 바꾸기 바란다.

그럼, 볼을 쥐고 곧게 서 보자. 볼의 위치는 배의 부위이다.

● 볼을 쥐고 곧게 선다

주위 볼러의 자세

볼링장에는 갖가지 투구 폼으로 볼을 던지고 있는 사람이 있다. 볼을 쥐고 종종걸음으로 걸어가서 살짝 레인에 굴리는 사람도 있는가 하면, 힘을 바탕으로 다이내믹하게 던져 넣는 사람도 있다.

그렇지만, 잘 보고 있으면 흐르는 것 같은 깨끗한 폼으로 던지고 있는 사람이 높은 득점을 올리고 있는 것을 깨닫게 될 것이다. 깨끗한 폼이라는 것은 몸의 다르기, 볼의 굴리기에 낭비가 없고 가장 효과적인 움직임을 하고 있다는 의미이다.

물론 프로에게는 자기식의 남이 흉내낼 수 없는 폼으로 던지는 사람도 있으나, 이것은 프로의 세계가 아니면 할 수 없다.

보통의 경우에서는 자기식의 폼을 익힌 사람이 어느 정도까지 숙달하고 나서 큰 벽에 부딪치게 된다.

이 책이 목표하는 "반드시 스페어를 잡을 수 있는 기술"을 익히기 위해서도 꼭 자기식의 폼을 한 번 버리고 초심자의 마음가짐으로 폼의 체크를 하기 바란다.

움직임이 어색하다고 느끼는 사람은 대부분 발과 볼의 움직임이 흐트러져 있을 것이다.

이것은 머릿속에서 이상으로 삼는 폼이 있어서 그대로 움직이려고 해도 발은 비교적 순조로이 움직여도 볼을 쥔 손이 컨트롤되어 있지 않기 때문이다.

무거운 볼에 어떻게 순조롭게 힘을 실어서 굴리느냐가 볼링의 기초이다. 그러기 위해서는 볼(팔과 손)의 움직임에 맞춰서 빌을 움직여야 한다고 기억해 주기 바란다.

볼의 움직임은 진자(振子) 운동과 같다. 어깨를 지렛목으로 삼아 크게 뒤로 쳐든 볼을, 볼의 무게와 스텝을 이용해서 원을 그리며 앞으로 밀어낸다. 절대로 팔이나 손목의 근력만으로 컨트롤하면 안 된다.

● 볼의 움직임은 진자 운동

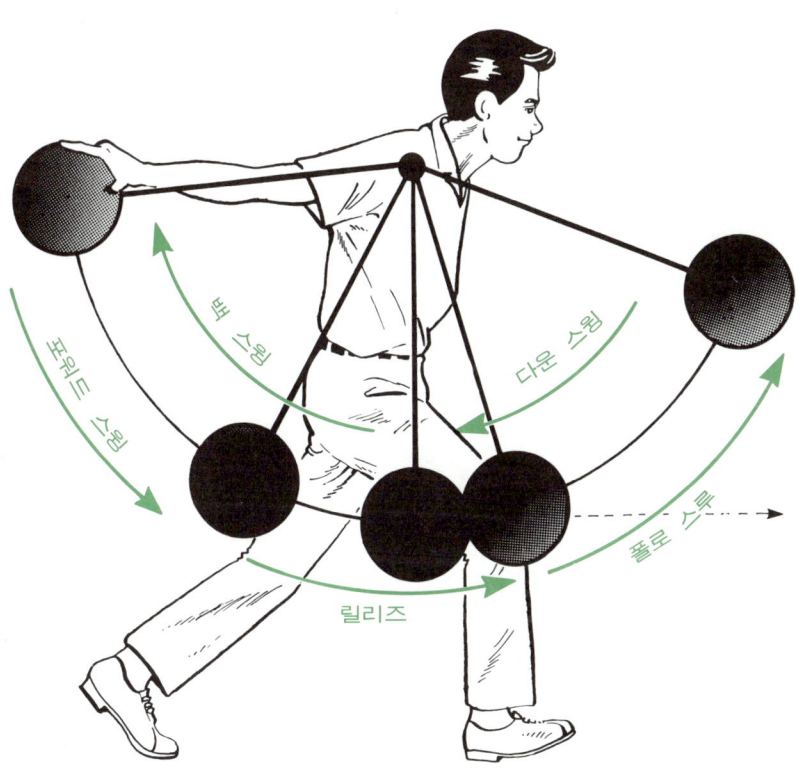

STEP 2 기초 테크닉 27

도움닫기의 기본은 네 걸음 도움닫기

볼링에서는 네 걸음 도움닫기를 기본으로 삼고 있다. 포 스텝 어프로치로 부르는 이 투구법은 참으로 합리적이고 편한 던지기라고 할 수 있다.

인간은 걸을 때에 오른발을 내디디면 오른손은 뒤로 가고, 왼발을 내디디면 오른손은 앞으로 온다. 이것은 신체의 리듬과 균형에 피트해 있기 때문이다. 그렇지만 볼을 쥐고 있는 동작을 해 보면 볼은 거의 움직이지 않고 밑으로 축 늘어지게 된다. 진자 운동이기 때문에 힘껏 뒤로 쳐들고 싶지만 그러기 위해서는 팔힘을 이용해서 무리하게 뒤로 볼을 가져가지 않으면 안 된다. 프로레슬러 정도의 팔힘이 있다면 몰라도, 그렇게 되면 신체에 무리를 가져오게 되고 만다. 쳐들고 내리는 이 동작에서 내리기 동작의 도움닫기는 한 걸음이 이상적이다. 내릴 때에 몇 걸음 걷게 되면 스윙이 흐트러져 버리고 힘도 볼에 실을 수가 없다.

네 걸음 도움닫기

쳐들기 위해서는 최소 한 걸음이 필요하다. ……그렇지만 상당히 무리를 하게 된다.

그럼, 한 걸음을 더 보태면 어떻게 되는가? 좀 여유가 생기게 된다. 그렇지만 아직도 부산한 느낌이 들게 된다. 그럼 한 걸음을 보태면 어떻게 되는가?

이같이 하여 세 걸음 도움닫기에서 여섯 걸음 도움닫기까지의 스텝 어프로치가 생각되고 그 중에서도, 힘이 없는 사람이라도 무리없이 볼의 무게를 이용하여 던질 수 있는 것이 네 걸음 도움닫기이다.

프로에서는 다섯 걸음 도움닫기나 세 걸음 도움닫기를 하는 사람도 있으나, 네 걸음 도움닫기를 마스터하고 나서의 변형 폼이다. 우선, 이 네 걸음 도움닫기를 마스터하기 바란다.

중급 이상의 볼러로 스코어가 늘지 않는다고 고민하는 사람도, 한 번 더 자기의 네 걸음 도움닫기를 다시 체크해 보자.

어드레스의 위치를 정하는 법

볼링의 레인에는 파울 라인이 있어, 그 이상 나아가서 던지면 파울이 되고 만다.

파울 라인의 바로 앞이라면 어디서 던져도 되지만, 되도록 가까우면 가까울수록 핀과의 거리도 가까워진다.

그래서 어떻게 하면 파울 라인 가까이에서 마지막 투구를 할 수 있는지, 처음에 어디서 어드레스에 들어가는지를 정하지 않으면 안 된다.

네 걸음 도움닫기의 경우에는 파울 라인 바로 앞 5cm 정도의 위치에 핀을 등지고 서서, 보통 걸음걸이보다 약간 큰 스텝으로 네 걸음과 반 걸음을 걷는다. 거기가 어드레스의 포인트가 된다.

그 위치에서 투구 동작에 들어가는데, 어째서 반 걸음을 더 걷느냐 하면 최종 동작 때에 반 걸음만큼 신체를 미끄러지게 하기 때문이다.

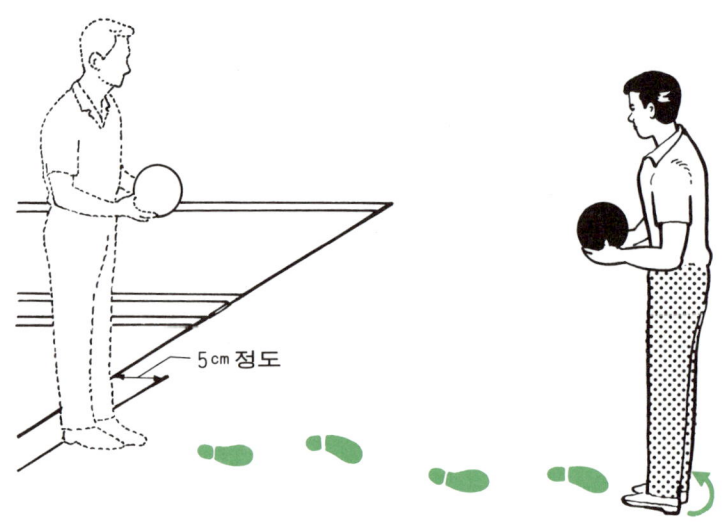

30 볼링 기초 가이드

어프로치에는 어드레스를 위해, 파울 라인에서 12피트와 15피트의 곳에 표시한 스탠딩 스포트라 부르는 마크가 있다.

우리나라 사람의 경우는 대체로 12피트 전후라고 생각하나, 신장은 개인적인 차이가 있기 때문에 처음에 착실히 자기의 어드레스 위치를 확인하고 스포트 마크 등을 참고로 하여 머릿속에 확실히 기억해 주기 바란다.

그럼 네 걸음 도움닫기의 어드레스를 연습하자.

우선 내추럴 훅으로 부르는 보통의 자연스러운 투구를 했을 경우, 스트라이크가 나기 쉬운 코스에서 연습을 시작하자. 서는 위치는 중앙의 큰 ●마크에서 약간 오른쪽(왼발의 끝이 ●표지에서 파울 라인에 수직으로 내린 선 위의 부분)에 자세를 취한다.

● 어드레스를 위한 일곱 가지의 포인트

사실은 어드레스에 들어서는 법, 즉 볼의 겨누기에는 여러 가지가 있어 텍스트마다 조금씩 다르다. 예컨대, 어떤 사람은 몸의 중앙에서 두 손으로 볼을 받치는 것이 좋다고 주장하는가 하면, 어떤 사람은 오른쪽 허리뼈 부위에 겨누는 것이 더욱 좋다고 한다.

여기서는 가장 자연스런 모습에 가깝고, 무리없이 구할 수 있는 어드레스——볼을 몸의 우측(왼손잡이 사람은 좌측)——를 채용하고 있다. 초심자가 배우는 데에 이후의 폼이 가장 흐트러지지 않는 어드레스이기 때문이다.

이 어드레스에 따라 다음의 일곱 가지 포인트에 주의하여 폼을 마스터하기 바란다.

① 부자연스런 힘이 신체의 어디에도 없는 것이 최상

우선 자연스러운 것이 중요하다. 이상하게 힘주거나 하면 이후의 움직임이 어색해진다. 일부 프로의 흉내를 내서 신체를 구부려 어드레스하는 사람이 있는데 이것은 필요치 않다. 곧게 서 주기 바란다.

무릎은 가볍게 굽혀도 된다. 이완된 상태에서 어드레스에 들어가기 위해, 심호흡을 하는 것도 좋은 방법이다.

②왼발을 조금 앞으로 내밀면 편하다

제1보를 편히 내딛기 위해 왼발을 조금만 앞으로 내놓으면 오른발을 순조롭게 내디딜 수가 있다. 오른발의 3분의 1정도 앞으로 내놓으면 된다.

③파울 라인과 평행으로 선다

초심자는 파울 라인에 대하여 두 어깨가 평행이 되도록, 즉 정면을 향해 자세를 취하기 바란다.

④볼은 몸의 오른쪽 가까이에 접근시킨다

중앙에 겨누게 되면 익숙하지 않은 사람은 아무래도 두 걸음째쯤에서 몸이 밖으로 열려지고 만다.

오른손으로 던지는 것이니 어프로치에 넣도록 우측에 볼을 겨누기 바란다.

⑤볼의 높이는 팔꿈치의 위치이다

이미 자기가 던지기 쉬운 높이를 파악하고 있는 사람은 별로 바

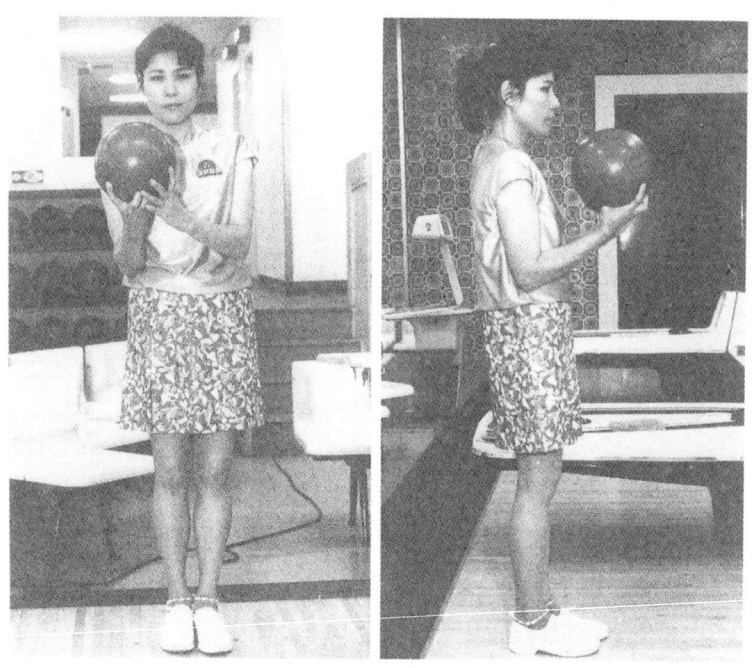

어드레스 때의 자세

꿀 필요가 없으나 처음인 사람은 신체의 옆구리에 팔꿈치를 밀어 붙이고, 팔꿈치를 직각으로 굽힌 위치에 볼을 홀드하면 된다. 볼은 처음 위치가 높으면 높을수록 낙하할 때에 힘을 얹혀도 되지만 이것은 당연히 폼도 커지고 동시에 실수도 하기 쉽다. 우선은 가장 무리가 없고 게다가 깨끗한 폼을 만들기 쉬운 이 높이에서 연습하기 바란다.

⑥ 왼손으로도 받쳐 주기 바란다

이론적으로는 볼을 홀드했을 때에는 그대로 볼을 릴리즈했을 때와 똑같은 손가락의 위치가 이상적이지만, 그렇게 되면 모두 오른손에 볼의 무게가 얹히게 된다.

스냅이 강한 사람이면 좋지만 신체에 무리를 주지 않는 것이 제일이다.

그래서, 먼저 모양을 만들고 나서 조금만 왼쪽으로 볼을 기울여서 왼손으로도 받치도록 한다. 이렇게 하면 무게가 분산되어 편히 홀드할 수 있다. 또, 제1보에서 볼을 밀어낼(푸시 어웨이) 때에도 편히 할 수 있다. 오른손의 새끼손가락이 희미하게 닿을까 말까 할 정도의 위치에서 받치면 된다.

⑦ 눈의 선은 스포트를 향한다

스포트는 레인에 씌어져 있는 투구를 위한 참고 마크이다. 모든 볼러는 이 스포트를 참고로 하여 던지고 있다.

스트라이크를 노릴 경우에는 우측에서 두 번째의 2번 스포트 위를 볼이 통과하도록 릴리즈시킨다.

따라서 눈의 선은 처음부터 끝까지 2번 스포트를 보고 있을 필요가 있다.

이완된 상태에서 텐션(張力)을 높여가기 위해서도, 먼저 스포트를 착실히 보고 확인해서 게임에 집중하는 것이 아주 중요하다. 최근 어느 스포츠라도 정신 트레이닝을 중요시하도록 되어 있지만, 볼링도 지극히 정신적인 스포츠이다. 눈의 선을 정하는 데서부터 집중력을 높여가자.

제1보(푸시 어웨이)

푸시 어웨이, 직역하면 앞쪽으로 밀어낸다는 뜻이다.

우선, 네 걸음 도움닫기의 경우에는 잘 쓰는 발(오른발을 잘 쓰면 오른발, 왼발을 잘 쓰면 왼발)을 한 걸음 내딛고, 그와 동시에 볼을 앞으로 밀어낸다. 왜 앞으로 밀어내느냐 하면, 진자 운동은 되도록 크게, 그리고 무리없이 볼의 무게를 이용한 쪽이 편하기 때문이다. 볼을 자기의 힘만으로 뒤쪽으로 쳐들기보다는 먼저 앞으로 내고, 그런 다음 볼의 무게로 밑에 내리고, 그 힘을 이용하여 뒤로 쳐드는 쪽이 원활하다.

앞이라고 해도, 어드레스에 들어갔을 때의 볼 위치와 같은 방향으로 밀어낼 필요는 없다. 무거운 볼을 앞으로 밀어내는 것이기 때문에 당연히 약간 아래쪽이 된다. 왼손은 미치지 못하게 되기까지 볼을 받치고 있기 바란다.

통계자료에 의하면, 첫 걸음에서 세 번째 걸음까지 걸리는 시간은 0.9초가 평균이라고 한다. 그 3분의 1로서 0.3초이다. 짧은 시간이지만 푸시 어웨이를 고속도 촬영(슬로 모션)으로 설명해 보자.

① 어드레스 때, 몸의 무게 중심은 오른발의 발꿈치에 있다. 그렇지만 힘을 내려고 몸을 젖히거나, 극단으로 무릎을 굽히면 안 된다. 이완동작으로 천천히 하기 바란다

② "Go!" 지령이 뇌에서 근육으로 전달되면, 먼저 체중이 오른발의 발끝에 얹히게 된다. 지면을 차고, 오른발을 내딛기 위한 앞기울이기가 시작된다.

③ 오른발의 발뒤꿈치가 마루에서 떠나기 시작하고, 동시에 체중은 오른발에서 왼발로 옮겨지게 된다. 왼쪽 무릎이 굽혀지기 시작해, 오른발의 이동을 돕는다. 이때, 두 손으로 볼을 앞쪽으로 푸시 어웨이한다.

④ 오른발이 완전히 마루를 떠나고 모든 체중이 왼발의 발끝에 얹힌다. 오른발이 왼발보다 앞으로 나간다. 볼은, 아직도 앞으로 밀어나가고 있다. 이 시점에서도 왼손은 계속 볼을 받친다.

⑤ 오른발의 발뒤꿈치에서부터 착지한다. 주의해 주기 바라는 것은, 달리고 있을 때는 발끝에서부터 착지하지만 이 경우에는 발뒤꿈치부터 먼저 바닥에 닿는 것이기 때문에 걷고 있는 느낌으로 제1보를 나아가게 한 것이 된다. 이것은 중요한 포인트로 "첫 걸음째는 걷는 느낌으로" 하고 기억해 주기 바란다. 이때, 볼은 이미 왼손으로는 받칠 수 없을 만큼 밀려나가고 있다.

⑥ 몸의 무게 중심은 두 번째 걸음의 준비를 위해 오른발의 발끝에 옮겨가 있다. 무게 중심이 완전히 이동하는 것과 오른팔이 다 뻗고 진자 운동에서 밑으로 떨어지기 직전의 상태가 되는 것은 동시이다. 이것으로 푸시 어웨이의 동작은 모두 끝난다.

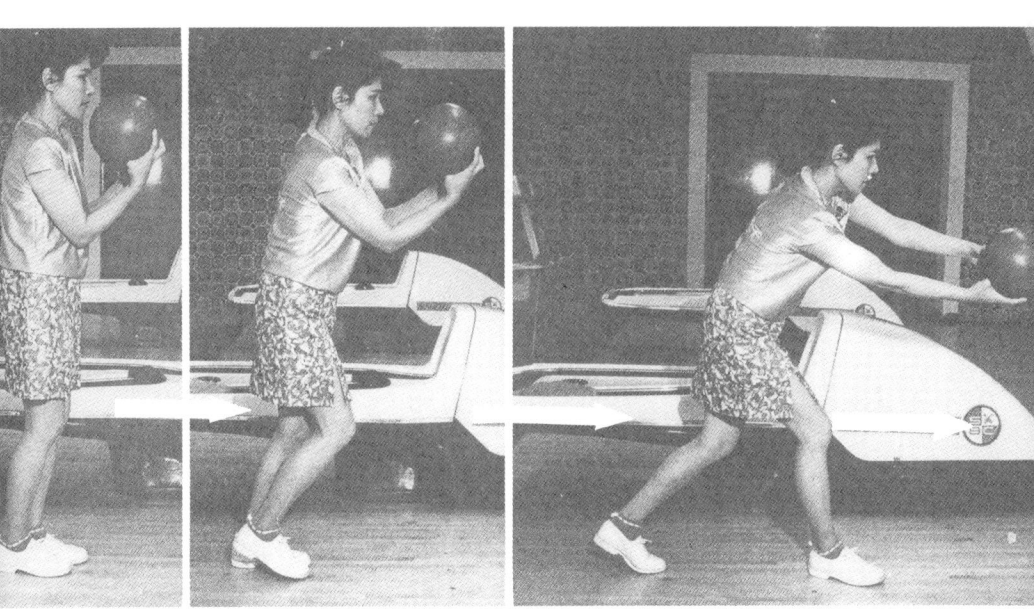

푸시 어웨이

제2보(다운 스윙)

제1보의 푸시 어웨이가 퍼펙트라면 다운 스윙으로 원활히 옮길 수 있다.

발은 움직이기 시작하고 있는 것이기 때문에 그대로 왼발을 앞으로 내면 되는 것이며, 볼은 앞쪽 약간 밑으로 오른쪽 팔꿈치가 다 뻗은 상태에 있는 것이기 때문에 당연히 인력(引力)으로 어깨를 중심으로 한 진자 운동을 개시한다.

이런 때에는 몸의 어느 부분에도 불필요한 힘을 주면 안 된다. 어디까지나 자연스럽게 볼이 다운되도록 힘쓰기 바란다.

단, 푸시 어웨이가 흐트러져서 몸의 중앙 기울기가 되어 있거나, 극단적으로 바깥 쪽에서 볼이 다운을 시작하면 볼의 궤도에 난조가 생긴다.

제1보에서 착실히 왼손의 받침을 이용해서 올바른 궤도에 볼을 밀어내는 것이 다운 스윙의 결정타이다.

슬로 모션으로 설명하면, 푸시 어웨이를 끝냈을 때 왼발은 발뒤꿈치가 올라가서 앞으로 내디디려고 한다. 왼발이 오르고 움직이기 시작해, 오른발을 넘어서 앞쪽으로 착지하는 시점에서는, 볼은 완전히 최하점까지 내리고 있다.

이것에서부터 앞은, 제3보의 볼을 뒤쪽에 쳐드는 백 스윙으로 들어간다.

따라서, 다운 스윙에서 조심하지 않으면 안 되는 점은 그렇게 많지 않다.

먼저 걸음나비인데, 제1보와 똑같이 보통으로 걷는 걸음나비이다. 너무 큰 걸음나비이면 스윙이 흐트러지게 된다. 볼의 궤도를 올바르게 포착하기 위해서는 어프로치의 엇결에 대하여 평행이 되어 있는지의 여부를 참고로 삼으면 좋겠다.

체력이 약한 사람은 볼이 완전하게 오른팔 등 오른쪽 반신에 맡겨지기 때문에 그 무게로 균형을 흐트리기가 쉽다. 이것은 왼손을 그럴싸하게 바깥 쪽으로 컨트롤하면 된다.

제3보 (백 스윙)

다운 스윙을 시작한 볼은 최하점에 이르면 오른쪽 어깨를 중심점으로 해서 뒤쪽으로 치켜 올린다. 이것이 백 스윙이다. 지금까지의 볼 궤도와 폼이 올바르다면, 볼은 무리하지 않아도 충분히 뒤로 올라간다. 부자연스럽게 오른팔의 팔힘으로 뒤쪽에 쳐들고 있는 사람이 있는데, 이것은 안 된다.

볼의 무게를 이용하여 그 힘에 따르면서 몸 전체를 이용해서 볼을 뒤로 치켜 올린다.

스텝은 오른발이 앞으로 나갈 차례이지만 기세가 돋구어져 가기 때문에 걸음나비는 커지게 된다. 단숨에 크게 앞쪽에 내딛는 것으로 볼도 힘껏 뒤쪽으로 뻗는다. 볼의 정점, 즉 반환점은 팔이 어프로치와 평행이 되는 정도라고 기억해 주기 바란다. 아무것도 쥐지 않고 백 스윙을 천천히 해보기 바란다. 오른팔을 조금씩 들게 되면, 이 이상은 아파서 올라가지 않는 점이 있을 것이다.

다운 스윙

즉, 거기까지는 이론상 볼을 쥐고 뒤로 쳐들 수 있다는 것이지만 정점은 그보다 약간 밑이 된다. 한계에 이르기까지 사용하게 되면 근육통 등이 되고 만다. 무리를 하지 말고 편한 포인트를 정점으로 삼으면 된다.

반대로 문제는, 절대로 그런 정점이 될 리가 없는 데도 볼의 위치가 한껏 높아지고 있는 경우이다. 이것은 폼에 잘못이 있기 때문이다.

손목을 젖히거나 극단으로 오른쪽 어깨를 당기거나, 크게 겨드랑이를 벌리고 바깥 쪽 방향으로 스윙하고 있기 때문인 것 같다.

백 스윙에서 주의해야 할 점은 오른발에 몸 전체가 얹혔을 때, 즉, 다음의 포워드 스윙으로 옮길 직전에 오른쪽 어깨, 오른쪽 무릎, 오른쪽 발끝이 일직선으로 되어 있는 것이다. 몸의 균형에 있어서 이것은 중요한 포인트이다.

당연히 몸은 약간 앞 기울이기 자세가 된다. 그러나, 극단으로 앞 기울이기를 하면 안 된다. 왜냐하면 극단으로 앞 기울이기를 하면 볼의 힘이 감소해 버리기 때문이다. 이것은 걸음나비와도 큰 관계가 있다.

너무 큰 슬라이드를 취하면 몸은 크게 앞 기울이기가 되어 균형을 흐트리고 만다.

또 눈의 선, 왼손에서의 균형 보조 등도 1보째, 1보째와 똑같이 중요하다.

여기서부터 앞은 목표를 향해 볼을 릴리즈하는 작업에 들어가기 때문에, 마지막 미조정(微調整) 때이기도 하다.

볼의 힘은 올바른 폼이라면 보다 높을수록 힘과 스피드가 얹힌다. 몸의 측면에 대하여 오른팔의 각도가 클수록 좋다. 그러나, 초심자는 높이에 구애받을 필요가 없다. 볼에 거슬리지 말고, 쳐들 수 있는 데까지 쳐들면 된다.

그리고 진자 운동의 정점에서 이 후는 앞쪽으로 볼을 내보내 주는 것이 다음의 최종 스텝이다.

백 스윙

백 스윙의 정점(여기서부터 포워드 스윙으로)

STEP 2 기초 테크닉

최종 스텝(슬라이드와 릴리즈)

최종 스텝만 이제까지의 발 동작이 달라지고 있다. 이제까지처럼 걷는 것이 아니라 슬라이드(미끄러뜨린다)한다.

볼링 슈즈의 구두창이 미끄러지기 쉽게 되어 있는 것은 그 때문이다.

어째서 슬라이드하느냐 하면, 우선 무릎을 강한 충격으로부터 보호하기 위해서이다. 무거운 볼을 흔들면서 스텝해 왔기 때문에 몸 전체에 앞으로 나아가는 힘이 가해져 있어서 갑자기 멈추면 그 힘이 무릎에 강하게 얹히게 된다.

무리없이 브레이크를 걸기 위해, 슬라이드하여 능숙하게 스피드를 죽여간다.

또, 동시에 흔들어 내리기 위한 볼에는 힘을 얹혀 줄 필요가 있다. 앞으로 향하려고 하는 힘을 보다 강하게 볼에 얹기 위해, 크게 발을 내딛고 슬라이드시켜 줄 필요가 있다.

볼의 스피드와 힘을 최고의 상태로 하면서 자기는 어느 일점에서 멈춘다고 하는 두 가지의 요소를 채우기 위해 슬라이드가 필요해지게 된다.

조심하지 않으면 안 되는 것은 힘과 스피드를 중시하는 나머지, 함부로 힘에 의한 볼링을 하는 것이다. 당연히 슬라이드도 다른 사람보다 상당히 길어지는데, 파울 라인을 넘어 버리거나 균형이 흐트러지거나 하는 위험성이 많기 때문에 되도록 천천히 침착하게 던지도록 힘쓰기 바란다.

정점에서 휘둘러 내려진 볼은 최하점에서 엄지가 먼저 빠지게 되고 이어서 중지와 약지가 빠져서 앞쪽으로 릴리즈하게 된다. 이 릴리즈 포인트는 왼발 복사뼈쯤으로 기억하기 바란다.

순서대로 설명하자면, 우선 슬라이드해 있었던 왼발이 정지하고 뒤를 잇고 있던 볼이 왼발의 복사뼈 부위까지 왔을 때에 릴리즈하면 된다.

이런 때에는 허리가 높아지지 않도록 조심하기 바란다. 허리가 높으면 당연히 릴리즈의 위치도 높아지고 쿵 하고 레인에 볼을 떨어뜨리는 것 같은 릴리즈가 되고 만다.

허리를 단숨에 낮추고 왼쪽 무릎을 충분히 굽혀서 쿠션을 살리면서 쓱 릴리즈하도록 힘쓰기 바란다.

또한 초심자 여성에게 많지만 파울 라인에서 곧장 바로 앞에서 볼을 릴리즈하는 사람이 있다. 파울을 두려워하고 있기 때문이겠지만 스텝만 정확하다면 파울 라인 가까이에서 슬라이드는 멈춘다. 정확히 자기 어프로치 거리를 헤아리고 되도록 파울 라인 가까이에서 릴리즈하기 바란다.

릴리즈하는 포인트는 파울 라인 바로 앞이라도, 볼이 착지하는 곳은 레인 안이라는 것이 볼링의 기본이다.

슬라이드에서 릴리즈로(포워드 스윙)

던진 후의 폼(폴로 스루)

볼을 릴리즈한 팔은 그대로 자연히 위로 오른다. 이때에 이미 한 대로의 폼으로 어드레스에서 릴리즈까지를 끝냈으면, 멋지고 자연스런 폴로 스루를 마칠 수 있었을 것이다.

멋진 폴로 스루인지의 여부를 체크하기 위해서는 몇 가지의 포인트가 있다.

① 무게 중심이 왼발에만 충분히 얹혀 있는가?
② 헤드 업하여 눈의 선이 벗어나 있는가?
③ 오른발은 뒤로 가볍게 들려 있는가?
④ 몸이 극단으로 비뚤어져 있지 않은가?

이것들이 어긋나 있을 경우에는 그 이전의 폼이 이미 어긋나 있었다는 것이 된다.

거울을 이용하여 폴로 스루할 때의 포즈를 체크해 보기 바란다. 끝이 좋으면 모든 게 좋다.

폴로 스루

다섯 걸음 도움닫기

"초심자에게는 네 걸음 도움닫기를 기본으로 가르치고 있는 데도, 프로 볼러의 대부분은 다섯 걸음 도움닫기를 하고 있다. 어느 쪽이 올바른 것일까?" 하고 생각하는 사람도 많을 것이다.

사실은 어느 쪽도 옳다. 볼링은 리듬과 타이밍이 아주 중요한 스포츠이다. 네 걸음 도움닫기에서는 한 걸음마다 볼의 이동이 정확히 정해져 있다.

그렇기 때문에 초심자에게는 익히기 쉽고, 게다가 무리없는 도움닫기의 방법이라고 할 수 있다. 다만 문제는 처음의 한 걸음, 푸시 어웨이 때에 무거운 볼을 앞으로 밀어내는 게 힘이 약한 사람에게 있어서는 조금 고되다는 점이다.

다섯 걸음 도움닫기의 경우에는 처음의 한 걸음과 다음의 한 걸음, 합쳐서 두 걸음 사이에 푸시 어웨이를 하게 된다. 그런 만큼 여유가 생겨, 폼이 정리되기 쉽다는 이점이 있다. 어느 정도까지 볼링의 리듬을 파악한 사람에게 있어서는 다섯 걸음 도움닫기 쪽이 던지기 쉽다.

그러나, 역시 초심자는 네 걸음 도움닫기를 완전히 마스터하는 것을 권한다. 다섯 걸음보다 네 걸음 쪽이 걷는 수가 적고, 몸으로 익히는 것도 간단하다. 어느 정도까지 숙달하였지만 볼의 컨트롤이 어쩐지 잘 되지 않는다고 느끼는 사람은 다섯 걸음 도움닫기를 시도하기 바란다.

다섯 걸음 도움닫기는 네 걸음 도움닫기의 스타트 위치에서 곧장 뒤로 작게 한 걸음 물러선 점에서 스타트한다. 네 걸음 도움닫기와 마찬가지로 약간 왼발을 앞으로 내고 볼을 겨눈다. "왼발이 제1보가 되는 것이기 때문에 오른발이 먼저 앞으로 나오는 것이 아닐까?" 하고 생각하는 사람도 있겠으나, 제1보는 그다지 걸음나비는 필요없고 작게 내딛는 것만으로 된다.

왼발을 내디디면서 볼을 푸시 어웨이하기 시작한다. 두 걸음에서 푸시 어웨이를 끝내기 때문에 천천히 해도 된다.

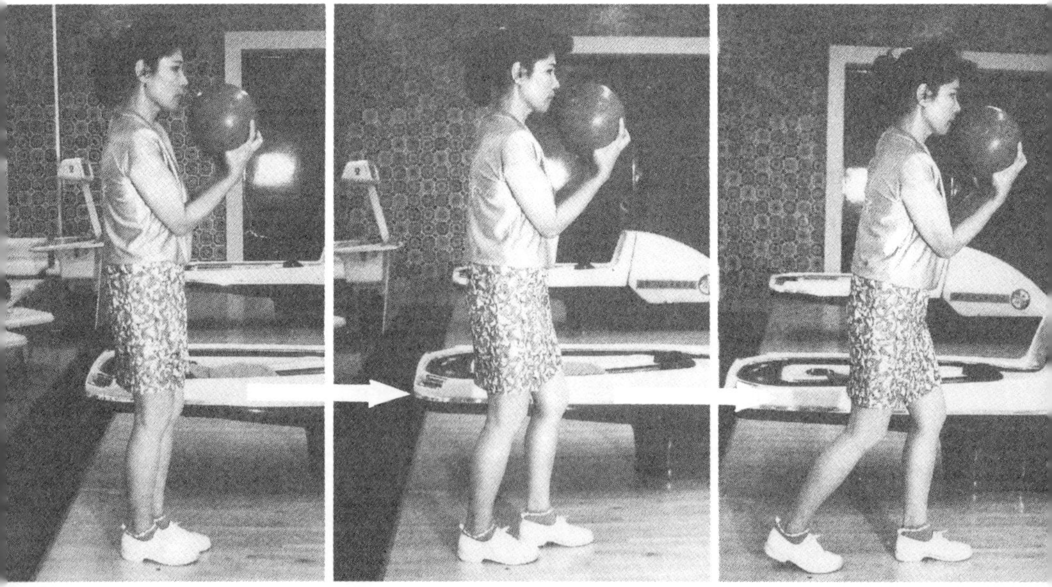

다섯 걸음 도움닫기(푸시 어웨이까지)

네 걸음 도움닫기

44 볼링 기초 가이드

이어서 왼발로 착지하고 오른발이 나가기 시작한다. 이러는 동안에도 푸시 어웨이는 이어지고 있다. 그리고 오른발이 착지했을 때에는 네 걸음 도움닫기와 마찬가지로 푸시 어웨이가 끝나고 있지 않으면 안 된다.

이 시점에서의 폼은 네 걸음 도움닫기나 다섯 걸음 도움닫기도 완전히 똑같아지게 된다. 이하는 네 걸음 도움닫기와 마찬가지로 다운 스윙, 포워드 스윙, 릴리즈로 이어진다. 어느 정도, 네 걸음 도움닫기를 할 수 있게 된 다음에 시도하기 바란다.

2. 스포트는 최대의 자기편

볼링의 레인에는 여러 가지의 마크가 파묻혀 있다. 이러한 마크는 스포트(표지)로 부르고 있다.

스포트는 볼링을 하는 데 있어서 겨냥한 볼을 명중시키기 위한 가이드의 역할을 한다.

정확히 볼을 컨트롤할 수 있는 사람이면 이 스포트를 이용해서 대부분의 핀을 스페어할 수 있다. 물론, 스트라이크 연발도 가능하다.

스포트의 의미를 이해하고 그것을 이용하는 것이 득점을 높이는 지름길이다.

스포트를 자기 편으로 삼으면 계속 득점이 늘고, 지금까지보다도 더 볼링이 재미있어지게 될 것이다.

타깃팅 애로

스포트 중에서 가장 중요한 마크는 레인의 파울 라인에서 12피트로부터 16피트 사이에 파묻혀 있는 ▲형 스포트이다.

영어에서는 타깃팅 애로 (겨누고 있는 화살), 또는 더브테일(비둘기의 꼬리) 등으로 부른다. 이 책에서는 애로로 통일한다.

애로는 멀리 저쪽에 서 있는 핀의 어느 것과 레인과 평행으로 마주 대하고 있다. 제일 우측의 애로는 ⑩번 핀, 오른쪽에서 두 번째는 ⑥번 핀, 오른쪽에서 세 번째는 ③번 핀과 ⑨번 핀, 한가운데는 ①번 핀과 ⑤번 핀이라고 하는 식이다.

애로는 모두 일곱 가지이다. 레인은 앞에서 설명한 바와 같이 가늘고 길다란 보드를 이어 맞추고 있으나, 애로는 널빤지의 다섯 장마다 마크되어 있다.

이 "널빤지를 몇 장"이라고 하는 표현은 앞으로도 나오기 때문에 기억하기 바란다.

애로의 사용법은 나중에 상세히 설명하겠지만 오른손잡이 볼러의 경우, 가장 많이 사용하는 애로는 오른쪽에서 두 번째의 애로이다. 이 애로로 모든 것을 커버할 수 있다고 해도 과언이 아닐 만큼 이 용도가 높은 애로이다.

스포트(애로)는 다섯 장마다 새겨져 있다!!

● 각 스포트의 규격

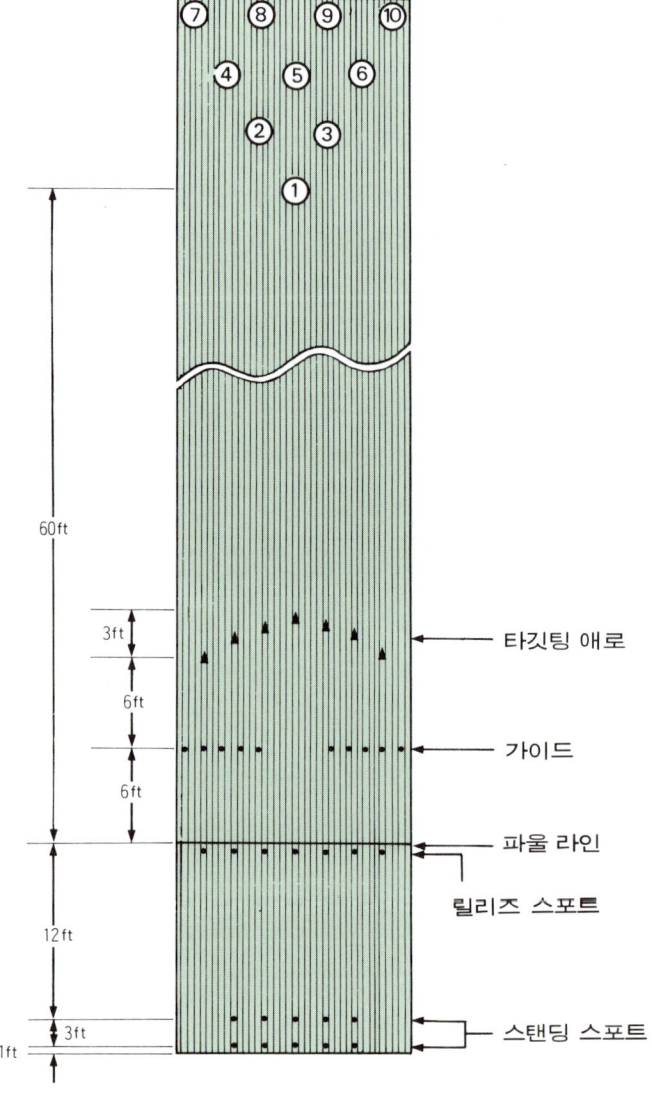

도움닫기에 필요한 스포트

이어서 중요한 것이 스탠딩 스포트와 릴리즈 스포트이다.

스탠딩 스포트는 어프로치 에어리어의 파울 라인에서 12피트와 15피트 지점에 각각 다섯 개의 도트(点)로 마크되어 있다. 이것은 볼을 쥐고 도움닫기를 시작하는 스타트 지점을 정하는 데에 쓰인다.

왜 두 개의 지점에 도트가 마크되어 있느냐 하면 미국에서 룰이 만들어진 볼링이기 때문에 당연히 자기들의 몸에 맞춘 스포트를 채용한다.

그때 표준적인 남성의 걸음나비로는 15피트 마찬가지로 표준적인 여성의 걸음나비로는 12피트 저점에 도트를 마크하여 스타트의 참고로 삼는다.

우리나라 사람의 신장에서 생각하면 12피트 지점의 도트를 이용하는 쪽이 많다고 생각한다. 앞의 도움닫기에서 설명한 바와 같이 스타트 지점은 파울 라인의 약간 바로 앞에서부터 보통의 걸음나비로 네 걸음 반을 걸어서 뒤돌아본 곳이 스타트 지점이다.

자기의 스타트 지점이 스탠딩 스포트로부터 어느 정도의 거리에 있는지만 알고 있으면, 어느 볼링장에서도 바로 스타트 지점에 설 수 있다.

릴리즈 스포트는 파울 라인의 곧 바로 앞에 있고 모두 일곱 개로 애로와 같은 라인에 늘어서 있다. 이것은 스탠딩 스포트도 마찬가지인데, 각각은 일직선으로 핀까지 늘어서 있다.

제일 오른쪽의 스탠딩 스포트, 오른쪽에서 두 번째의 릴리즈 스포트, 오른쪽에서 두 번째의 애로, ⑥번 핀의 중심은 동일 선상에 있다.

파울 라인과 애로의 중간에 있는 스포트는 가이드라고 하지만 별로 쓰이는 적은 없다.

2번 스포트를 이용한 연습법

볼링의 볼은 자연스런 던지기에서는 어지간히 힘이 있고, 게다가 거의 회전하지 않는다는 조건 이외에서는 일직선으로 나아가지 않는다.

릴리즈된 볼은 잠시 활주하다가 회전하면서 나아간다. 오른손잡이 사람의 경우는 핀에 가까워짐에 따라 왼쪽으로 훅하기 시작한다.

볼의 직진성(直進性)이 쇠퇴하고 왼쪽으로 회전하는 힘이 강해지기 때문이다. 이것을 내추럴 훅이라고 한다.

초심자의 경우, 자연스런 폼으로 올바르게 릴리즈된 볼은 모두 내추럴 훅이 된다. 만약 크게 커브하거나, 한가운데에서 던졌는데도 거터했을 경우에는 도움닫기 개시에서 릴리즈 사이에 어딘가 잘못되어 있다고 생각하기 바란다.

일정하게 내추럴 훅이 되도록 되풀이해 연습할 필요가 있다. 그러자면 2번 스포트(오른쪽에서 두 번째의 타깃팅 애로)를 이용하는 것이 가장 효과적이다.

왜냐하면 2번 스포트를 엇결과 평행으로 통과한 볼은, 스트라이크 포켓으로 부르는 ①번과 ③번의 핀 중앙을 통과할 때가 많기 때문이다.

아직도 이 시점에서는 스트라이크를 노릴 필요는 없으나, 역시 핀이 전부 쓰러졌을 때는 기쁜 법이다.

즐기면서 폼을 안정시키고 노린 2번 스포트를 정확히 통과시켜 똑같은 훅 라인이 그려질 수 있도록 연습하기 바란다.

우선 스탠스의 위치를 정한다. 스탠스에서는 왼발의 발끝을 기준으로 삼는다.

그 까닭은 릴리즈 때에 왼발이 축이 되기 때문이다. 볼을 놓는 것은 오른손이기 때문에 볼의 중심이 2번 스포트 위를 통과하기 위해서는 왼발이 어디 있는가를 체크해야만 한다.

어깨가 넓은 사람이나 몸집이 작은 사람 등, 사람에 따라 그 나비는 크게 달라지지만, 처음에는 왼발의 발끝을 중앙의 스탠딩 스포트 라인에 맞춰보기 바란다. 이것은 릴리즈 스포트의 2번 릴리즈 도트에서 왼쪽으로 열 장을 움직인 지점이다. 여기에서 곧장 도움닫기하여 릴리즈한 포인트가 2번 릴리즈 스포트에서 왼쪽 가까이면 몇 장을 더 오른쪽으로 이동하고, 오른쪽 가까이면 왼쪽으로 이동하여 자기의 스탠스 위치를 정하기 바란다.

이 시점에서는 비스듬히 나아가지 않도록 한다. 파울 라인에 직각으로 휘청휘청하지 말고 곧장 도움닫기하지 않으면 자기의 스탠스 위치가 정해지지 않는다.

스탠스 위치가 정해지면 확실히 2번 릴리즈 스포트에서 2번 애로 위를 볼이 통과하도록 반복해서 연습해 보자. 수수한 연습이지만 가장 중요한 기초가 되는 부분이다. 이따금 나오는 스트라이크를 즐거움으로 알고 분발하기 바란다.

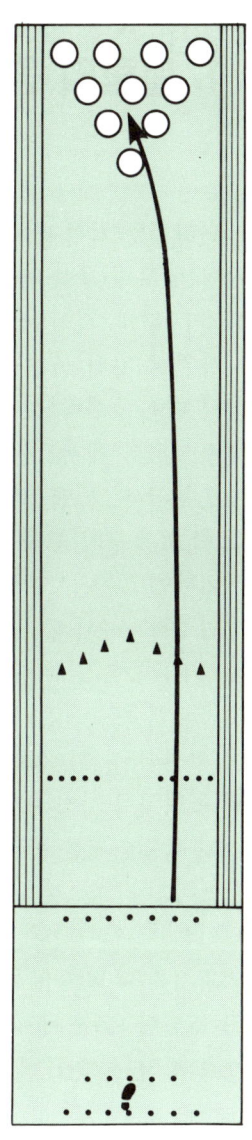

● STEP 2 기초 테크닉 51

● 볼링의 역사

1. 볼링의 원점(原点)

놀랍게도 기원전 7200년의 이집트 고분에서 볼링의 원형으로 생각되는 목제(木製)의 볼과 핀이 발견되었다(런던 박물관에 전시). 이것은 현재, 확인된 가장 오래된 스포츠 용구라고 한다.

목표를 향해 물건을 내던진다고 하는 것은, 말하자면 핸딩의 원점이지만 그러다가 생활을 위한 사냥이 아니라 단순히 스포츠나 게임으로서 레저로 이행하여 갔을 것이다. 현재도 거행되고 있는 스포츠에서 그 발생이 기원전까지 거슬러 올라갈 수 있는 것은 볼링 말고 축구가 있을 뿐이다.

기원전 500년 경부터 기원전 500년 경까지의 사이에 볼링은 유럽의 귀족 사이에 보급되어 갔다. 그 후 얼마 동안은 역사의 표면에서 사라지고, 다음에 붐이 된 것은 12세기 경이다. 유럽 대륙과 영국에서 활발해졌다. 그 중에서도 독일에서는 처음엔 기독교 신자들 의식의 한 가지로서 시작되고, 그러다가 게임성 쪽이 강해져 중세 독일에서 가장 대중적인 게임이 되었다.

이 무렵까지는 핀의 모양이나 볼의 크기, 핀의 개수 등은 제멋대로였다. 이러한 것을 통일하여 게임으로 확립한 사람은 마르틴 루터(1483~1546)였다. 마르틴 루터라고 하면 종교 개혁으로 역사의 교과서에 나오는 인물이지만, 그는 볼링을 아주 좋아하는 사람이기도 했었다. 그는 제멋대로였던 경기 룰을 동일해서 핀의 수를 아홉 개로 정하는 등 근대 볼링의 기초를 쌓았다.

STEP 3
다섯 가지의 코스를 마스터하자

- 스트라이크의 조건
- 스페어를 잡기 위한 기본
- 실전 스페어 테크닉

1. 스트라이크의 조건

스트라이크 코스란?

순간적으로 열 개의 핀이 쓰러지는 스트라이크야말로 볼링의 묘미를 맛보게 해주는 것이다. 그러나 스트라이크는 그렇게 간단히 나오는 것이 아니라, 반대로 좀처럼 나오지 않기 때문에 재미있는 것이다.

그래서 우선 어떻게 해서 볼이 핀에 맞고, 핀이 쓰러지게 되는가를 설명하기로 하겠다.

볼링에서 스트라이크 코스라고 하는 것은 오른손잡이의 경우, ①번 핀과 ③번 핀 사이의 포켓에 볼이 들어갔을 때의 코스를 말한다. 전혀 다른 코스로 가도 스트라이크가 되는 때가 있지만 그것은 핀이 회전하여 불규칙한 움직임을 하거나, 몇 가지의 행운이 겹쳤기 때문이고 다시 한 번 같은 코스에 던지면 스트라이크는 좀처럼 나오지 않을 것이다.

이론적인 스트라이크 코스는 ①번 핀과 ③번 핀의 포켓에 들어가는 코스와 뒤쪽의 스트라이크 코스로 일컫는 ①, ②, ④, ⑦번의 바깥 쪽에 볼이 맞는 브룩클린 코스이다.

퍼펙트 스트라이크로 일컫는 ①번 핀과 ③번 핀 포켓 스트라이크를 슬로 모션으로 보기로 하자.

이것에는 혹 볼이 어울리기 때문에 혹 볼이 포켓으로 들어간다고 상정하기 바란다.

포켓이라고 해도, 완전히 ①번 핀과 ③번 핀을 동시에 히트하는 것은 아니다. 볼은 레인의 엇결 오른쪽에서 17엇결, 즉 3번 애로와 4번 애로의 중간 엇결에서, 우선 ①번 핀에 맞는다. 우측에서 히트된 ①번 핀은 왼쪽 뒤로 튕겨 ②번 핀을 쓰러뜨리고 이어서 ④번, ⑦번 하는 식으로 도미노 넘어지기처럼 쓰러지기 시작한다.

한편, ①번 핀에 맞은 볼은 핀에 튕기는 힘 때문에 약간 오른쪽으로 진로를 바꾸어, ③번 핀을 히트한다. ③번 핀은 ⑥번 핀을 쓰러뜨리고, ⑥번 핀은 ⑩번 핀을 쓰러뜨린다.

③번 핀에 튕겨진 볼은 ⑤번 핀과 ⑨번 핀의 포켓으로 향한다. 먼저 ⑤번 핀을 히트하고, ⑤번 핀은 ⑧번 핀을 쓰러뜨린다. 볼은 마지막에 ⑨번 핀을 쓰러뜨리고, 이것으로 퍼펙트 스트라이크가 완성된다.

즉 이상적인 포켓 스트라이크란 볼이 직접 히트하는 것은 ①, ③, ⑤, ⑨번 핀의 네 개뿐이고 다른 것은 히트된 핀에 맞아서 쓰러지는 것이다.

따라서 ①번 핀을 어떤 각도에서 정확히 히트시키느냐가 아주 중요하다.

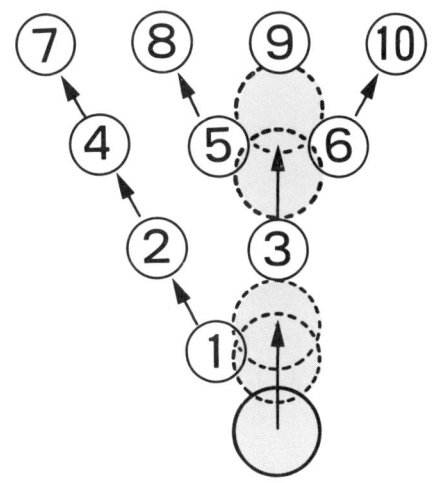

포켓 스트라이크 코스의 연습

앞의 장(章)에서, 2번 릴리즈 스포트에서 릴리즈하고 2번 애로 위를 통과시키는 연습을 되풀이해 달라고 했다. 이것은 자기 볼의 컨트롤을 좋아지게 하기 위해서이다. 하고 있는 동안에 점점 폼도 안정되고, 볼의 코스도 안정하게 되면 다음은 포켓 스트라이크를 노리는 연습을 시작하자.

앞에서도 말한 것처럼, 이 2번 릴리즈 스포트에서 2번 애로 위를 통과하는 볼은 확률적으로 가장 포켓에 들어가기 쉬운 코스이다. 이것을 엇결의 오른쪽 열 장째 위를 볼이 나아가기 때문에 텐 투 텐 코스라고도 한다. 또 ⑤번 핀을 직접 맞추기 때문에 정삼각형의 한가운데에 있는 ⑤번 핀을 킹 핀이라고 부르는 데서 킹 핀 코스라고 부르기도 한다.

텐 투 텐 코스에다 제대로 볼을 굴렸는 데도 포켓하지 않을 경우에는 다음의 것들을 체크하기 바란다.

① 볼에 스피드가 없고, 도중에서 크게 왼쪽으로 커브해 버릴 경우에는 스윙이 너무 작아서 볼에 힘이 충분히 가해지지 않고 있기 때문이다.

② 볼이 혹하지 않고, 스트레이트에 가까운 상태에서 ⑥번 핀을 직접 맞춰버릴 경우에는, 반대로 힘이 너무 많아서 볼의 옆 회전의 힘을 억제해 버린다. 자기의 팔힘을 지나치게 주지 말고, 볼의 무게를 이용해서 부드럽게 릴리즈하도록 하자.

③ 우측의 거터에 떨어져 버릴 경우에는 릴리즈 때의 손가락 위치가 완전히 다르거나, 힘이 너무 없기 때문이다. 출발점에 되돌아와서 도움닫기와 릴리즈를 다시 공부하기 바란다.

④ 볼이 혹하지 않고, 커브해 버릴 경우에는 손목을 너무 비틀었거나 릴리즈 때에 무의식적으로 커브 투구법을 하고 있는 것이다. 레인 컨디션 등의 영향도 있지만, 릴리즈 때의 엄지 위치를 체크하기 바란다. 이것은 극단적으로 엄지가 몸의 안쪽을 향하고 있으면

이른바 커브 투구법이 되고 말기 때문이다. 현재로서는 완전히 내추럴 훅을 마스터하는 것이 중요하다.

릴리즈되었을 때의 엄지 위치가 볼의 진로에 대해 직선인 12시 방향에서 약간 안쪽 가까운 11시에서 10시 방향이 되어 있으면, 볼은 원활하게 내추럴 훅을 한다.

볼이 직진력(直進力)을 잃고 왼쪽으로 훅해 가는 포인트를 훅킹 포인트라고 한다. 회전력, 볼의 스피드 같은 것에서 훅킹 포인트는 달라지게 되는데, 되도록 같은 곳에서 훅하도록 연습하기 바란다.

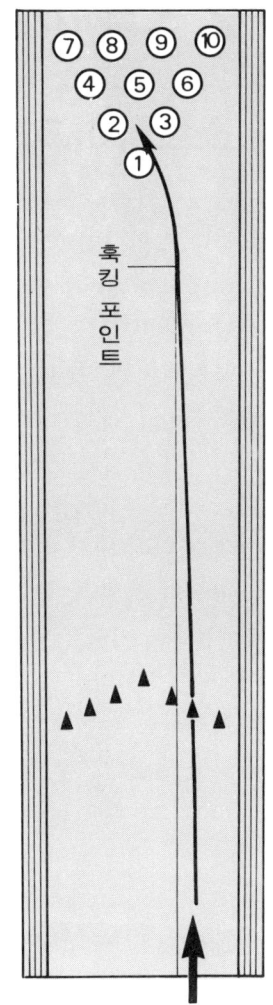

● STEP 3 다섯 가지의 코스를 마스터하자 57

2. 스페어를 잡기 위한 기본

스트라이크보다 스페어가 중요하다?

볼링에서는 스트라이크를 내는 것보다도 스페어를 내는 쪽이 중요하다고 한다면 놀라는 사람도 많을 것이다.

그렇지만 초급, 중급의 볼러에게 있어서는 이것은 확실히 옳은 해답이다.

볼링에서는 보너스 득점이라는 시스템이 있다. 스트라이크는 다음의 두 던지기까지의 득점이 가산되고, 스페어에서는 다음의 한 던지기의 득점이 가산된다. 즉 단순한 득점 합계 게임이 아닌 것이다. "그렇기 때문에 스트라이크가 중요하다"는 사람이 있겠지만 잠깐 기다려 주기 바란다.

확실히 스트라이크를 낼 수 있는 기술을 가지고 있다면 모르지만, 실제는 이따금 스트라이크를 내고 대부분은 핀이 남게 되는 것이 그 실정이라고 할 수 있다. 프로라도 1게임 12투구를 모두 스트라이크하는 퍼펙트 게임은 골프의 홀 인 원과 마찬가지로 노려도 좀처럼 달성할 수가 없다.

비록 스트라이크는 나오지 않아도 확실히 모든 게임을 스페어를 잡아가게 되면 합계 190점이 된다.

그리고 이 스페어를 확실히 잡을 수 있다는 것은, 그만큼의 볼의 컨트롤을 할 수 있다는 것이다. 한 개 남은 핀을 정확히 히트하는 쪽이, 스트라이크를 잡는 것보다 어렵다는 것은 실제로 게임을 해 보면 바로 알 수 있을 것이다.

"스페어를 잡아라. 스트라이크는 자연히 나온다."

"스트라이크는 누구나 낼 수 있지만, 스페어를 잡을 수 있어야만 상급 볼러이다."라고 하는 격언이 있다.

스트라이크 코스에 대한 투구 연습 다음에는 스페어를 잡는 연습을 시작하자.

스페어를 잡기 위한 세 가지 조건

첫 번째 투구에서 열 개의 핀을 모두 쓰러뜨리지 못했을 경우에 남는 핀의 형태는 실로 갖가지이다. 단순히 계산하면 1,023가지나 되는 형태가 있다. 이것은 이론상으로 그렇다는 것이고, 실제는 그보다 훨씬 적지만 그렇더라도 상당한 수의 핀이 남는 형태가 있다. 그렇다면 그 갖가지의 형태를 모두 히트시키는 방법을 익히지 않으면 안 되느냐 하면 그렇지는 않다. 사실은, 단지 다섯 가지의 코스에 정확히 볼을 컨트롤할 수 있으면 스페어의 대부분을 잡을 수가 있다.

단, 그렇게 한다면 다음의 세 가지 조건이 있다.

우선, 첫째는 "기본인 안정된 폼이 되어 있을 것", 둘째는 "스포트 볼링의 이론을 이해하고, 활용할 것", 셋째는 "특수한 스페어 잡는 법을 마스터할 것" 등이다.

1	2	3	4	5	6	7	8	9	10
9 /	9 /	9 /	9 /	9 /	9 /	9 /	9 /	9 /	9 / 9
19	38	57	76	95	114	133	152	171	190

1	2	3	4	5	6	7	8	9	10
✕	✕	✕	9 −	✕	✕	9 −	✕	✕	9 −
20	40	59	68	88	108	127	136	155	164

둘째 이후의 조건에 대해서는 나중에 상세히 설명 해설하기 때문에, 여기서는 안정된 폼으로 다섯 가지의 코스에 볼을 컨트롤할 수 있도록 유념하기 바란다.

다섯 가지의 코스를 마스터하자

이제부터 설명하는 다섯 가지의 코스를 연습하기 위해 지켜 주어야 할 것이 있다.
① 도움닫기에서 휘청거리지 말고 일직선으로 나아간다.
② 노렸던 릴리즈 포인트에 확실히 릴리즈해, 노렸던 스포트 위를 볼이 통과하도록 유념한다.
③ 구질은 훅 볼만 사용한다.

이러한 것을 지키면서 연습하기 바란다. 그렇지 않으면, 아무리 수많은 볼을 던져도 숙달하지 못한다. 한 번 던질 때마다 체크해 어딘가에 착오가 없는지, 왜 지금 볼은 코스를 벗어났는지 반성하면서 연습하자.

일직선으로 노렸었던 스포트를 놓치지 않는다

스트라이크 코스

이제까지 몇 번이나 반복해서 연습했던 스트라이크 포켓을 노리는 코스이다.

최저라도 2투구 중 1투구는 이 코스를 향해 투구하지 않으면 안 되는 중요한 코스이다.

표준이 되는 릴리즈를 설명하기로 하자. 우선, 처음에는 파울 라인에 대하여 수직으로, 즉 엇결에 평행으로 곧장 나아가기 바란다. 볼을 릴리즈하는 포인트가 올바르게 오른쪽 열 장째에 오도록 서는 위치를 조정하기 바란다.

이제까지는 스탠스 때에는 2번 스포트에 왼발의 발끝이 오도록 하라고 말해 왔지만, 어깨가 넓은 사람이나 뚱뚱한 사람 등 다양하기 때문에 먼저 자기의 스탠스 위치를 각자가 찾아낸다. 이것은 볼을 쥐고 릴리즈하는 직전까지 실제로 어프로치를 도움닫기해 보면 될 것이다.

볼의 중심이 오른쪽에서 열 장째에 와 있는지를 체크한다. 좌우로 몇 장은 벗어나 있을 것 같으면 같은 장수만큼 옆으로 이동한다. 거기가 당신의 표준 스탠스 위치이다.

거기서부터 정확한 도움닫기로 릴리즈해 2번 애로 위를 볼이 통과하도록 던지기 바란다. 만약, 오른쪽에서 열 장째로 릴리즈하고 있는 데도 2번 애로(똑같이 오른쪽에서 열 장째)를 통과하지 않는다면, 그것은 도움닫기 때의 폼, 특히 피니시의 폼이 흐트러져 있을 것이다.

그런데 볼은 스트라이크 포켓에 들어간 것일까? 스트라이크가 되지 않더라도 ①번 핀과 ③번 핀 쪽을 향해 단숨에 훅해 가고 있는 것이면 괜찮다.

이 코스는 스트라이크 코스임과 동시에 ⑤번 핀을 직접 맞추는 코스이다. ⑤번 핀은 정삼각형으로 배열된 핀의 중앙에 있기 때문에 킹 핀으로 부르고 이 코스를 "킹 핀 코스"라고 한다.

이 코스에서 직접 핀을 노릴 수 있는 것은 ①, ③, ⑧, ⑤번 핀으로, 모두 직접 맞춰서 쓰러뜨릴 수가 있다.

레인 컨디션 등 여러 가지의 요인이 있어서 스트라이크 포켓에 들어가지 않을지도 모르지만, 우선 표준 스탠스 위치에서 2번 애로를 통과시키도록 유념하기 바란다.

만약, 지나치게 너무 바로 앞에서 휘어져 좌측으로 거터해 버리는 것 같으면, 엇결 몇 장을 오른쪽으로 이동해서 던져도 무방하다. 단, 이런 경우에는 이동한 널빤지의 수만큼 릴리즈 포인트도 이동하고, 2번 애로가 아니라 2번 애로에서 이동한 장수만큼 우측을 볼이 통과하는 것을 잊지 말기 바란다.

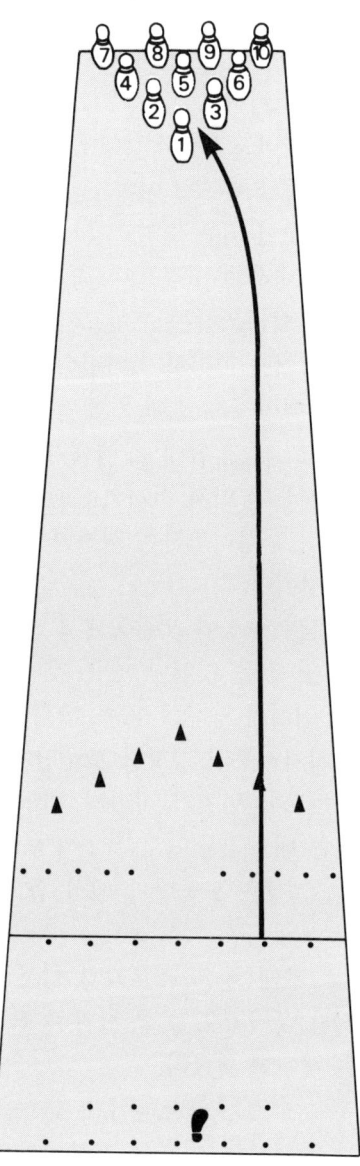

브룩클린 코스

뒤쪽의 스트라이크 코스라고 해서 스트라이크 포켓을 노렸는 데도 뒤쪽의 코스에 가버리고서 스트라이크가 되기 때문에 별로 명예롭지 못한 코스이다.

그러나, 투구 실수가 아니라 굳이 이 코스를 노리면 좌측의 핀을 쓰러뜨릴 수가 있다. 특히 ⑧번 핀을 남긴 것 등에 유효하다. 스트라이크 코스보다 서는 위치를 오른쪽으로 다섯 장(1스포트)을 이동해, 1번 릴리즈 스포트에서 2번 애로를 볼이 통과하도록 던진다. 이런 경우 2번 애로에서 시선을 떼지 않도록 한다.

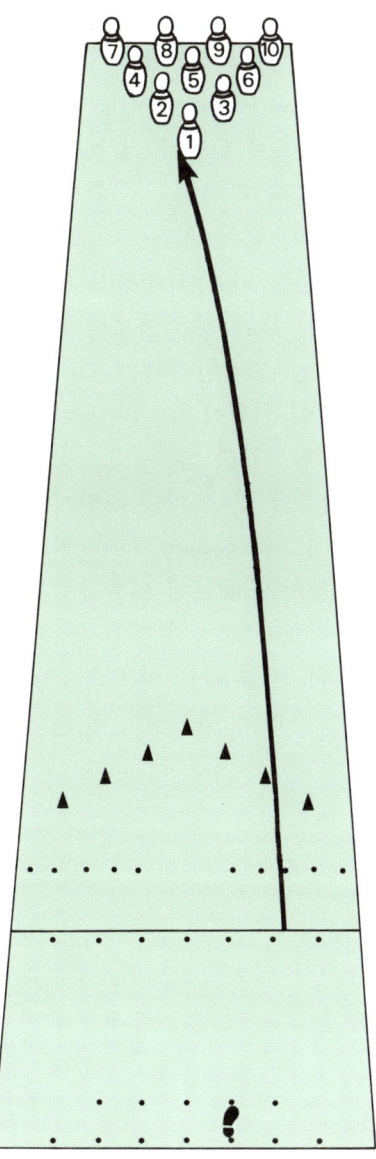

⑦번 핀 코스

1번 왼쪽 끝의 안쪽 핀을 노리는 코스이다. 서는 표준 위치에서 오른쪽으로 열 장을 이동해서 똑같이 2번 애로 위를 볼이 통과하도록 한다. 주의해야 하는 것은, 도움닫기는 파울 라인에 대하여 일직선이 아니라 2번 애로를 향해 곧장 도움닫기하는 것이다. 그러기 위해서는 약간 발끝을 표준보다 좌측으로 돌릴 필요가 있다. 파울 라인에 대하여 비스듬하게 가서 어프로치하기 때문에 위화감이 있을지도 모르지만 도전하기 바란다. 또한 팔을 밖으로 벌리고 안으로 던져넣지 않도록 조심하기 바란다.

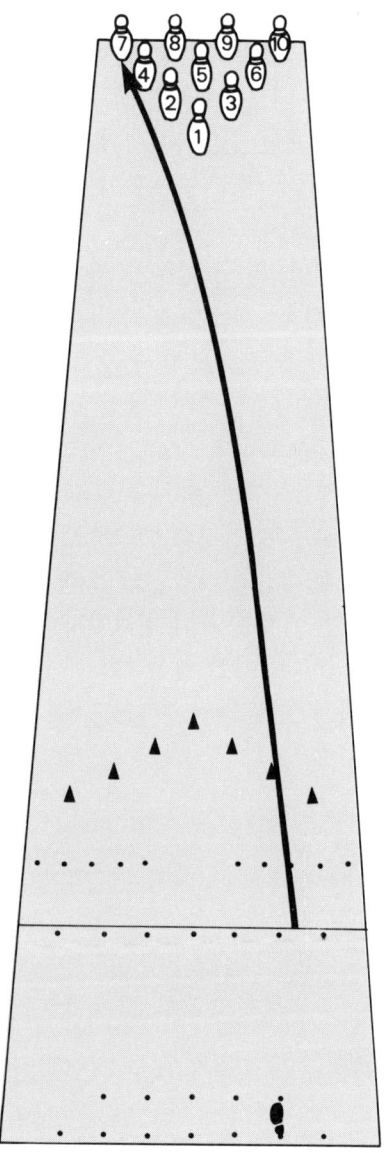

⑨번 핀 코스

볼이 왼쪽으로 너무 휘어서 우측의 핀이 남게 되었을 때에 유효한 코스이다. 특히 ⑨번 핀이 남는 것에는 효과가 있다.

서는 위치는 왼쪽으로 다섯 장을 이동한다 목표는 똑같이 2번 애로이다.

이번에는 발끝은 약간 우측을 향하도록 하고서 곧장 2번 애로를 향해 도움닫기한다. 엇결에 대하여 비스듬히 나아가는 것이지만 이때에 휘청거리고 뱀처럼 구불구불 휘어서 가지 않도록 하기 바란다. 또, 억지로 볼을 안에서 밖으로 던지기 쉽기 때문에 이런 점도 주의하기 바란다.

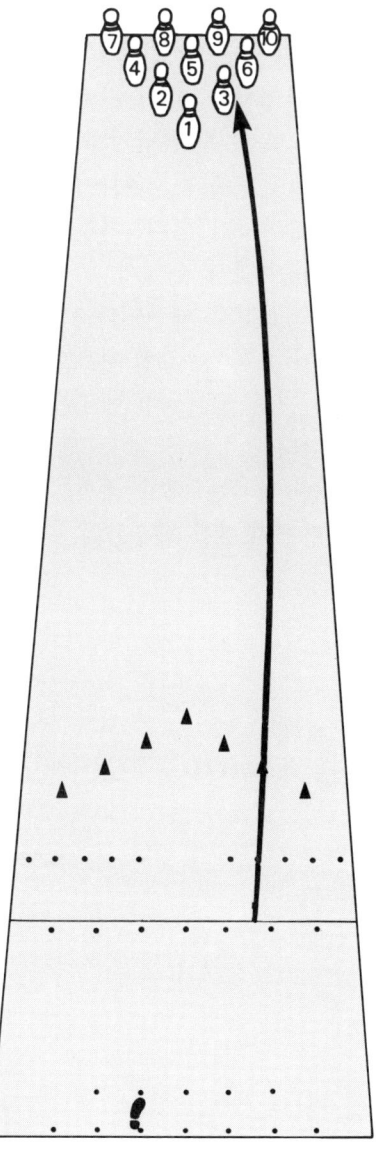

● STEP 3 다섯 가지의 코스를 마스터하자

⑩번 핀 코스

⑩번 핀, 흔히 말하는 텐 핀은 오른쪽 던지기의 볼러에게 있어서는 아주 기피하는 핀으로 텐 핀을 남기게 되면 스페어를 잡는 것이 어렵다고 생각하기 쉽다. 이것은 거터하는 것이 아닐까 하는 압박이 걸리기 때문이다. 그래서 이런 경우은 3번 애로도 이용되지만 굳이 4번 애로를 이용한다.

서는 위치는 제일 좌측의 스탠딩 스포트를 사용한다.

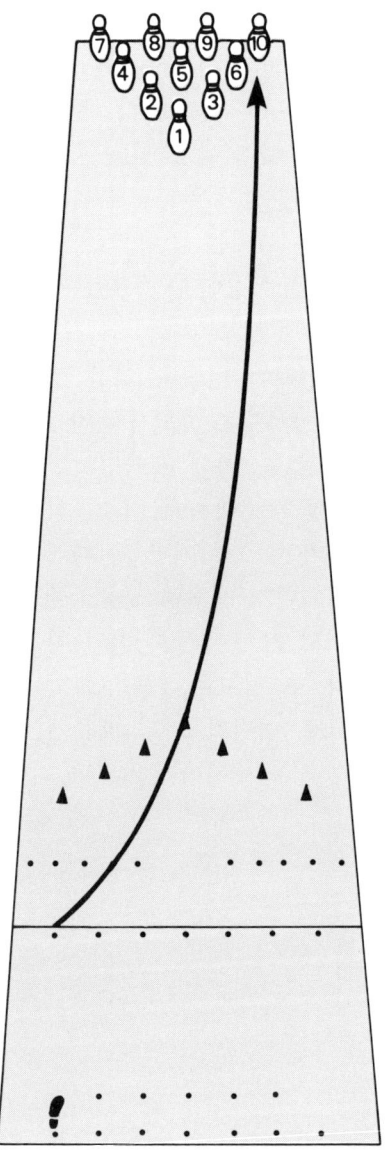

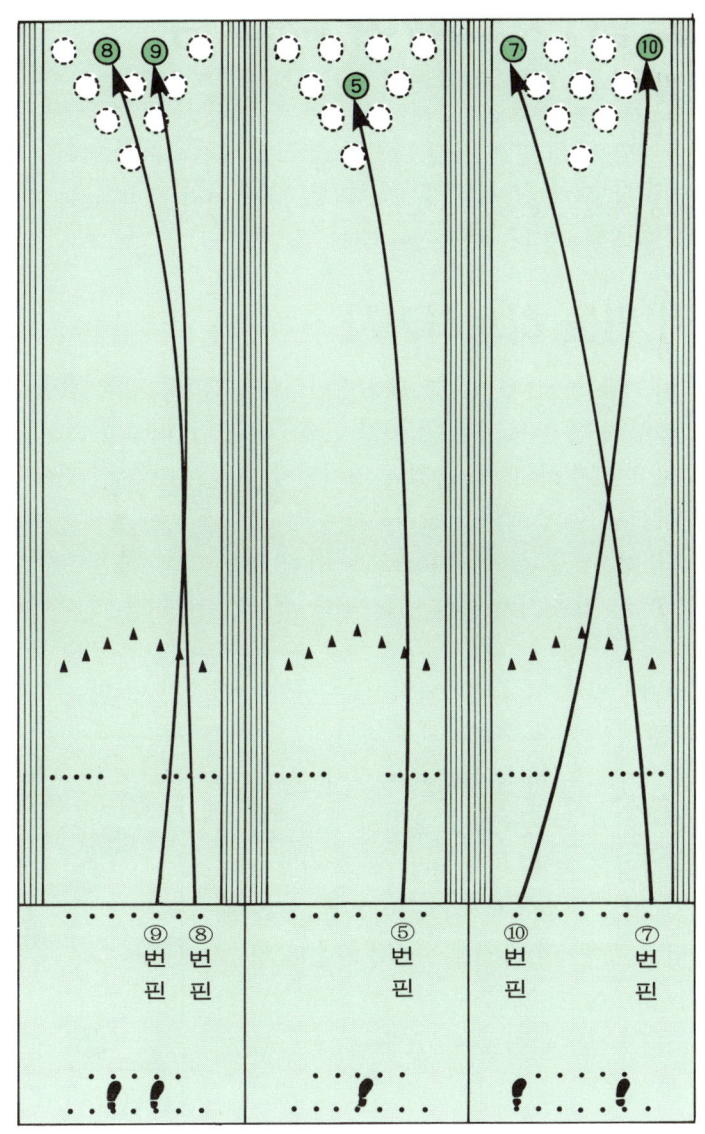

STEP 3 다섯 가지의 코스를 마스터하자

3. 실전 스페어 테크닉

한 개만 남은 핀은 다섯 가지의 코스를 완전히 마스터하면 충분히 커버할 수가 있으나, 문제가 되는 것은 여러 개가 남는 스페어이다. 도대체 어디를 겨누어야 되는 걸까?

키 핀을 히트시키자

스페어를 잡기 위해서는 대원칙이 있다. "가장 앞의 핀을 겨누라"고 하는 것이다. 가장 앞의 이 핀을 "키 핀"이라고 한다.

조금만 생각하면 알 수 있는 일이지만 먼저 가장 앞의 핀에 볼이 맞지 않고서는 스페어가 불가능하다.

먼저 키 핀을 볼이 히트하고 다음에 볼이 어느 쪽을 향하는지, 그리고 키 핀은 넘어지면 어느 핀을 쓰러뜨리는지를 생각해야 한다.

그렇게 말하기는 해도 남아 있는 핀의 수가 많으면 많을수록, 스페어를 잡는 것은 어려워지게 된다.

잔뜩 핀이 남아 있기때문에 초심자는 요행으로 쓰러져 줄 것이라고 생각하기 쉽지만 실제는 그렇게 잘 되지 않는다. 열 개 남은 핀을 쓰러뜨리는 스페어의 어려움에서 그것을 알 수 있다고 생각한다. 1투구에서 가능한 한 많이 쓰러뜨리고, 2투구에서 소수 핀을 확실하게 쓰러뜨리는 일이 매우 중요하다.

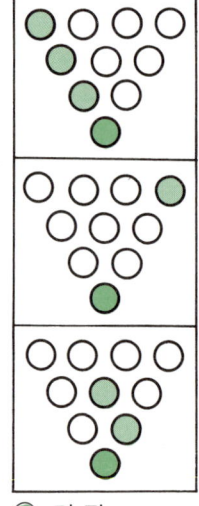

●=키 핀

핀의 어디에 맞추면 되는가?

 핀 두 개가 남았을 경우, 예컨대 ④번 핀과 ⑤번 핀이 남았을 경우에는 핀의 한복판을 볼이 통과하도록 던지면 되는 데 문제는 키 핀이 튕기지 않으면 두 번째의 핀을 쓰러뜨리지 못하는 경우이다.

 이론적으로는 당구와 같아서 핀에 맞은 히트 포인트에 의해 핀이 튕기는 방향이 결정된다. 정면에서 히트하면 바로 뒤쪽에 튕기고 옆이 될수록 깊은 각도에서 반대의 옆 방향으로 튕긴다.

 이것은 볼러라면 누구나 감각적으로 이해하고 있을 테지만 실제는 알고 있어도 그 히트 포인트에 볼을 정확히 히트시킬 수가 없을 것이다.

 그렇지만 역시 항상 히트 포인트를 생각해서 던지도록 유념하자.

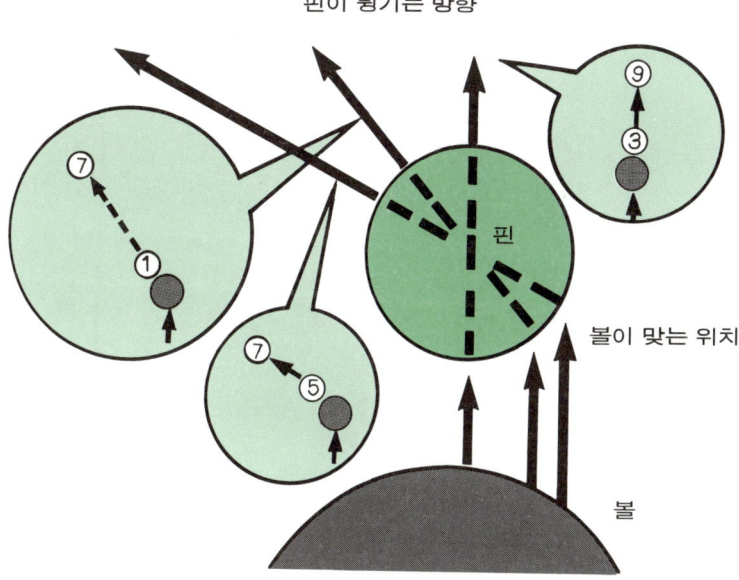

스페어는 보다 확실한 각도에서

스페어를 확실히 잡기 위해서는 보다 확실한 각도, 즉 약간 실수해도 키 핀을 히트시키는 각도를 선택할 필요가 있다.

예컨데 킹 핀 코스(⑤번 핀)는 스트라이크를 노리는 것 같기 때문에, 보통의 스트라이크 샷으로 던져도 되는데 솜씨가 뛰어난 훅을 던지는 사람들은 ①번의 위치에서 크게 왼쪽으로 휘어버려 ⑤번 핀에 맞지 않는 경우를 생각할 수 있다.

그럼, 보다 확실하게 히트시키자면 어떻게 하면 될까? 가장 확실한 것은 스탠스 위치를 아주 조금만(한 장이나 두 장) 오른쪽으로 이동해 준다.

반대로 어프로치의 왼쪽 사이드에서 인사이드를 향해 투구하는 방법도 상급자의 경우에는 생각할 수 있다.

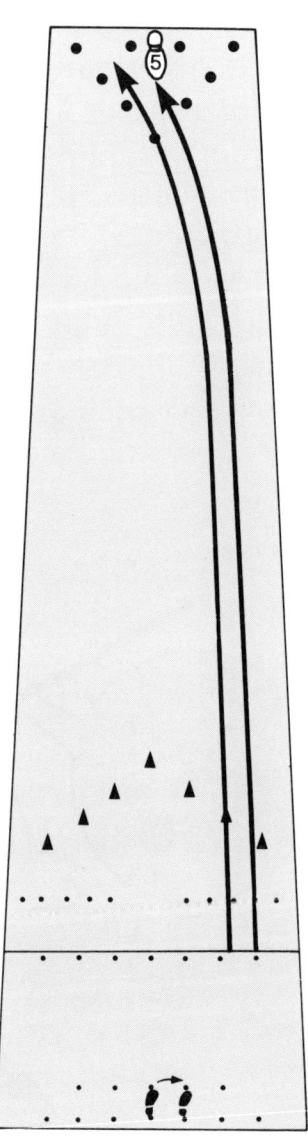

가능한 한 볼로 쓰러뜨려라

핀의 움직임은 예감할 수 있어도, 그대로 튕긴다고 할 수는 없다. 그래서 원칙 "핀은 가능한 한 볼로 쓰러뜨려라"고 하게 된다.

②-④-⑦　③-⑥-⑨

둘 다 바깥 쪽의 핀이 남은 경우로 키 핀을 히트시켜, 핀 액션으로 차례로 핀을 쓰러뜨릴 수 있으나 결점은 히트 포인트가 빗나가면 마지막 ⑦번 핀이나 ⑨번 핀이 남게 된다.

그보다도 ②-④의 사이, ③-⑥의 사이에 볼을 보내주면 볼은 핀에 조금만 튕겨져 ⑦번 핀이나 ⑨번 핀을 히트시킨다. 불확실한 핀 액션에 기대하는 것보다 훨씬 편하고 확실하게 스페어를 잡을 수가 있다.

②-⑦, ③-⑩이 경우도 마찬가지이다.

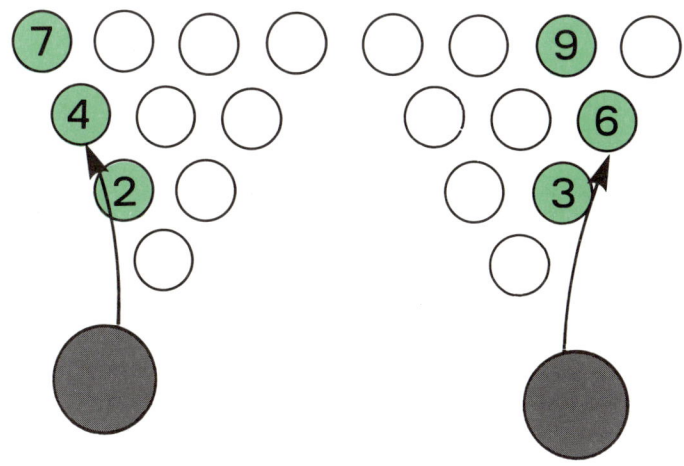

인 더 다크의 공략법

정면에서 바라보아, 키 핀 뒤에 또 한 개 핀이 남아 있을 경우의 ②-⑧, ③-⑨ 등의 스페어는 상당히 어려워지게 된다.

스트레이트 볼을 바로 정면에서 히트시키려고 해도 아주 조금만 벗어나서 옆에 맞는 것만으로 핀도 볼도 뒤의 핀을 히트시킬 수가 없다.

이런 때에는 훅 볼의 잇점을 최대한으로 살리자. 훅 볼이면 왼쪽으로 휘는 힘이 남아 있기 때문에 키 핀에 맞아서 튕기더라도 아직도 깊숙이 파고 드는 힘이 있기 때문에 뒤쪽의 핀을 직접 히트시키기 때문이다.

그러기 위해서는 평소에 각도가 예리하고 회전력이 많은 훅 볼을 던지는 연습을 해둘 필요가 있다.

같은 인 더 다크라도 ①번 핀이 남아 있을 경우에는 훨씬 쉬워지게 된다.

①-②-⑧이나, ①-③-⑨ 경우에는 ①-②, ①-③의 사이에 볼을 넣어 주면 스페어를 잡을 수가 있다.

이른바 브룩클린 코스와 텐 핀 코스의 응용인데, 약간 두터울 듯하게 넣거나 엷을 듯하게 넣어도 핀 액션으로 스페어를 잡을 수가 있다.

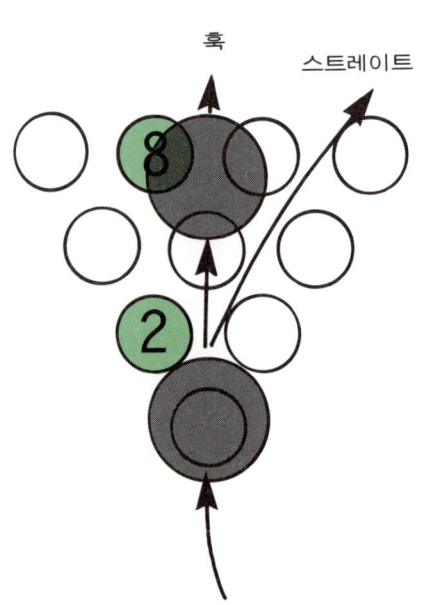

그러나 ①-②-⑨로 남게 될 경우에는 어렵게 된다.

우선 키 핀인 ①번 핀의 우측에 훅 볼을 히트시키고, ①번 핀을 튕겨서 ②번에 맞추고 볼은 ⑨번 핀을 쓰러뜨리지 않으면 안 된다. 훅이 약하면 헤드 핀에 되튕겨와서 ⑨번 핀의 오른쪽을 지나쳐 버리고 만다.

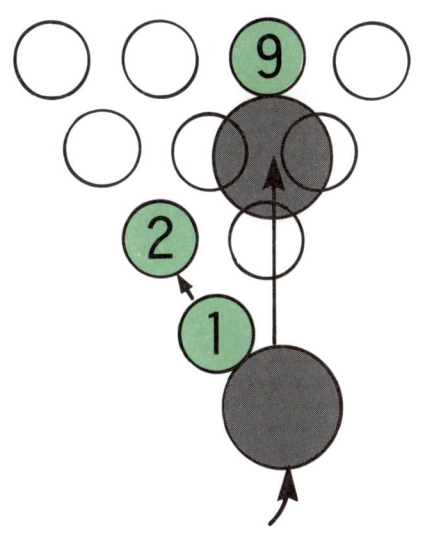

워시 아웃

브룩클린 코스를 겨누는 스페어의 하나에 워시 아웃이 있다.

한가운데의 핀이 흘러서 ①-②-④, ⑩번 핀이 남게 된 경우이다. ①번 핀이 ⑩번 핀까지 튕기지 않으면 스페어할 수 없는 어려운 코스이다.

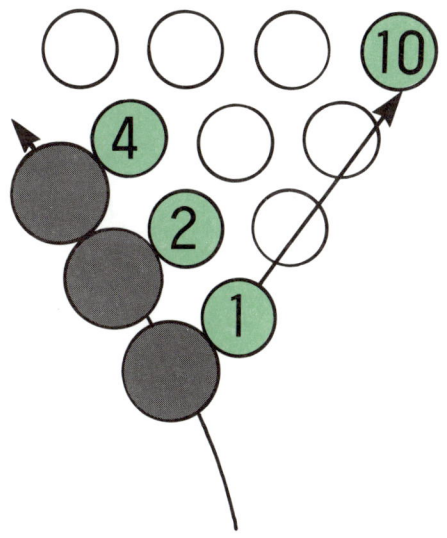

살짝 스치게 해서 잡는 어려운 스플리트

④-⑨, ⑤-⑦, ⑥-⑦로 남게 된 스플리트는 상급자에게 골치 아픈 남기이다.

키 핀의 바깥 쪽을 볼이 얇게 살짝 닿아서 그럴싸하게 핀을 튕기지 않으면 안 된다. 어느 쪽이냐 하면 "요행"에 맡기는 데도 있는 겨누기이다.

튕기는 각도는 옆 방향에 다가갈수록 볼을 얇게 맞추지 않으면 안 된다. 따라서 ④-⑨, ⑤-⑦보다 ⑥-⑦ 쪽이 더 얇어지고, 어려워지게 된다.

그렇기는 해도 도전하지 않고서는 스페어를 잡을 수가 없다. 초심자는 키 핀 한 개를 잡게 되면 썩 잘했다는 생각으로 시도하기 바란다.

또한 ④-⑨의 경우는 크로스 앨리로 투구하면 스페어는 아주 잡기가 어려워진다. 레인 왼쪽 사이드에서 핀이 튕기는 방향을 머리로 생각하면서 던지기 바란다.

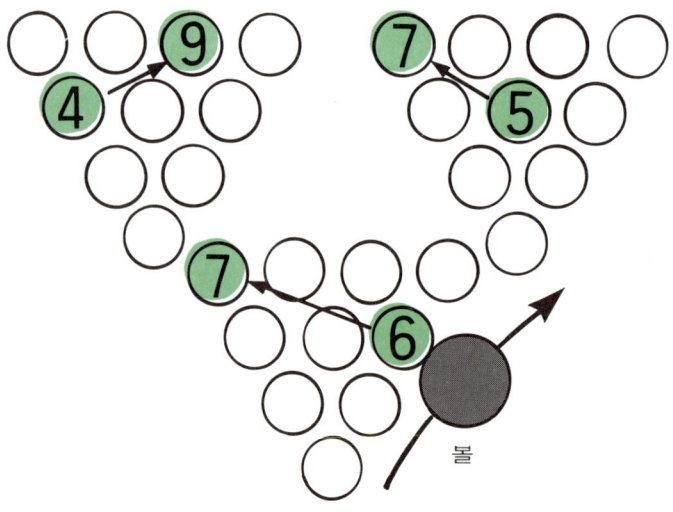

평행 스플리트는 단념하라

⑧-⑩ 등의 평행 스플리트는 비교적 잘 나오는데, 이러한 평행 스플리트는 스페어를 잡는 것이 불가능하다고 생각하는 편이 좋다. ⑦-⑩이나 빅 포로 일컫는 ④, ⑦-⑨, ⑩, 그것에 왼쪽 던지기의 경우인 ⑦-⑨ 등도 마찬가지이다.

물론 가능성이 전무하다고는 단언할 수 없지만, 그것보다도 "잡을 수 있는 핀을 확실히 잡아 놓는" 쪽이 좋다.

예컨대 빅 포의 경우, 두 개는 확실히 잡을 수가 있다. 그것을 한 개도 잡을까 말까 한 스페어에 도전하는 것은 무모하다. 프로의 시합을 보면 알 수 있을 테지만, 평행 스플리트의 경우는 자기가 확실히 쓰러뜨릴 수 있는 핀만을 쓰러뜨리고 사고 방식을 바꾸어 다음 투구에 집중하고 있다. 더구나 아마추어라면 더욱 그렇게 해야만 한다.

● 볼링의 역사

2. 미국에서 대유행

　마르틴 루터가 룰을 어느 정도 확립한 것으로도 알 수 있듯이, 볼링은 청교도 사이에서 붐을 이루고 있었다. 17세기에 들어서서 청교도는 신대륙 미국을 향해 대량 이주를 시작했다. 그때 볼링 도구도 같이 바다를 건너 미국에 상륙했다.
　볼링이 스포츠로서 정착한 것은 시카고와 뉴욕이라고 한다. 링컨 대통령도 볼링의 팬이었다고 하는 기록도 남겨져 있다. 당시의 볼링은 옥외에서 즐기는 스포츠였는데 1840년대에 뉴욕의 맨하탄에서 처음으로 실내의 볼링 레인이 세워지고 이후 폭발적으로 뉴욕 전체에 볼링 붐이 일어났다.
　그러나 이 시기의 볼링은 룰도 일정치 않고, 핀도 아홉 개를 주류로 삼고 있기는 했지만 열 개 핀도 등장해 지방에 따른 로컬 룰이 횡행하고 있었던 것 같다.
　1895년에 ABC(아메리칸 볼링 연맹)가 설립되고서 겨우 통일 룰과 도구의 규정 등이 정비되기 시작하였다. 1916년에는 여성을 위한 W-BC되 설립되어 그때까지의 남성 중심의 볼링에 널리 가족 모두가 즐길 수 있는 스포츠로서 발전해 가게 되었다.
　현재, 전세계에서 통일되어 있는 레인 규격이나 볼 규격도 그 원전은 이 시대에 만들어진 것이다. 기원전부터 시작한 볼링이 금세기에 들어서서 완성된 것이다.

STEP 4
레벨 업에 도전하자

- 여러 가지 구종에 도전해 보자
- 볼의 회전을 업해 보자
- 레인 컨디션을 파악하자
- 자기만의 오더 메이드

1. 여러 가지 구종에 도전해 보자

구질은 정하는 여러 가지 요소 중에서 그 차이가 가장 크게 나오는 것이 공이 휘는 정도(球種)이다.

이것은 야구의 구종 이상으로 중요하다. 야구의 경우는 스트라이크 존에 일정한 나비가 있고, 볼이 되어도 좋다는 "버리는 공"을 던질 수도 있다.

그러나 볼링의 경우는 노리는 한 점을 히트시키지 않으면 득점할 수 없고, 거터해 버리게 되면 0점인 것이다.

그래서 어느 정도 내추럴 훅을 일정하게 컨트롤할 수 있게 되면 다른 구종의 연습을 시작하자.

무리하게 전부를 마스터할 필요는 없지만 내추럴 훅 이외의 구종을 던질 수 있게 되면 게임의 득점이 높아지는 것도 분명한 사실이다.

내추럴 훅에서는 상당히 무리하지 않으면 노릴 수 없는 남은 핀의 상태라도 커브면 편하게 잡을 수 있는 경우가 제법 많은 법이다.

볼이 휘는 정도는 릴리즈 순간의 세 손가락이 빠지는 정도에 따라 정해진다.

손가락이 빠질 때, 볼에 대하여 어떤 회전력을 가하느냐가 문제인 것이다.

보통 투구 방법을 했을 경우, 릴리즈 때에는 엄지가 빠지게 된다. 이어서 중지, 약지가 빠지는데, 이때에 중지, 약지가 약간 왼쪽을 향해 있으면 볼은 나중에 왼쪽으로 휘어지기 시작한다. 이것이 이른바 내추럴 훅인데, 그럼 오른쪽으로 향하고 있으면 어떻게 되는가? 당연히 오른쪽으로 휘어지게 된다.

그 위에 손가락의 방향, 볼로부터의 손가락 빠지기에 덧붙여, 일반으로 "돌린다"든지 "걸친다"고 하는 손목의 핸드 액션이 덧붙

여지면 휘어지기의 효과는 더 강화된다.

이러한 것을 염두에 두고 연습을 시작하기 바란다.

구종은 일반적으로 훅, 스트레이트, 커브, 백 업의 네 종류로 분류되어 있다.

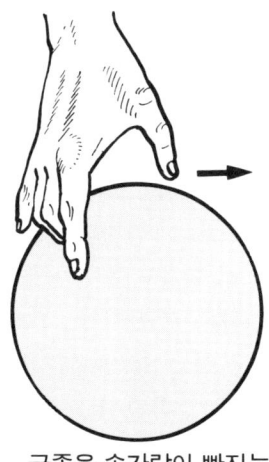

구종은 손가락이 빠지는 정도로 정해지고 만다

훅 볼

레인의 대부분을 곧장 나아가서 핀 앞에서 깊숙이 파고 드는 것처럼 휘어져 가는 훅 볼은 볼링에 가장 어울리는 볼이다.

훅 볼을 던지기 위해서는 특별히 아무것도 할 필요가 없다. 자연스런 폼으로 던져 넣으면 내추럴 훅할 것이다.

훅하지 않을 때의 체크 포인트는 다음과 같다.

① 손목이 볼의 무게에 눌려서, 극단적으로 뒤에 젖혀 있지는 않은가?
② 엄지의 방향은 올바른가?
③ 약지와 중지는 끝까지 볼을 그립해 있는가?
④ 정확한 진자(振子) 운동을 하고 있는가?
⑤ 볼의 손가락 구멍에 각 손가락이 꼭 맞아 있는가?

등인데, 특히 엄지의 방향과 그립은 중요하다.

앞에서도 말한 것처럼 푸시 어웨이했을 때부터, 릴리즈할 때까지 엄지의 방향을 시계에 비유하면 11시에서 10시의 방향으로 할 필요가 있다.

그립은 폴로 스루에 들어갔을 때에도 볼을 착실하게 쥔 모양이 남아 있는 것이 중요하다.

이것은 끝까지 볼에 회전력을 주고 있었다는 것을 증명한다.

리프트는 중지와 약지로 볼을 위에 들어올리는 "기분"으로 릴리즈하는 것이지만, 무리하게 들어올리려고 할 필요는 없다. 끝까지 볼을 정확히 잡고 있으면 된다. 이것은 바꾸어 말하면, 중지와 약지가 끝까지 볼의 무게를 손가락에 느끼고 있느냐 하는 것이다.

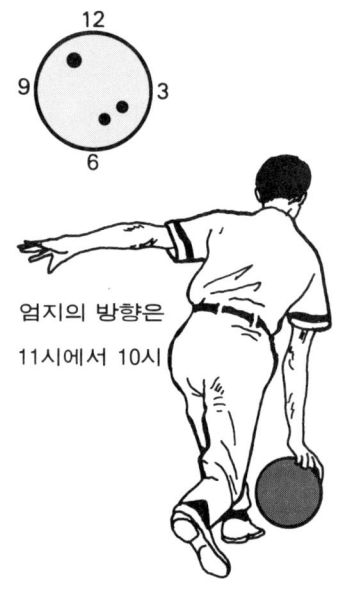

엄지의 방향은 11시에서 10시

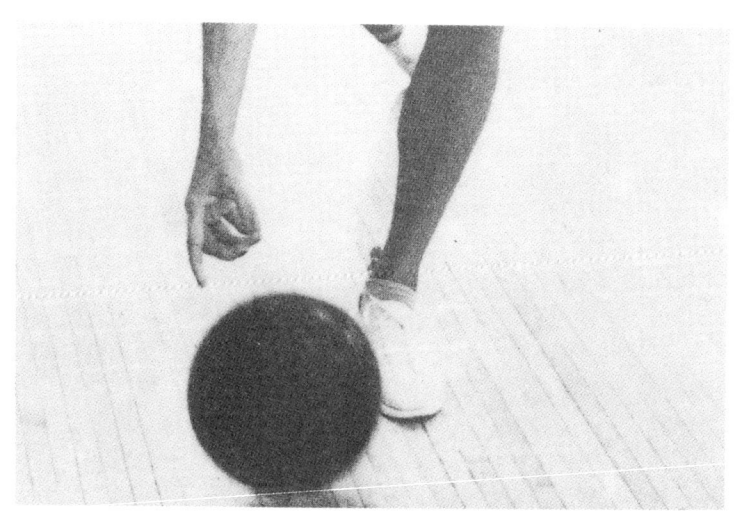

볼을 쥔 모양이 남아 있다

● 훅 볼을 던질 경우의 손목 상태

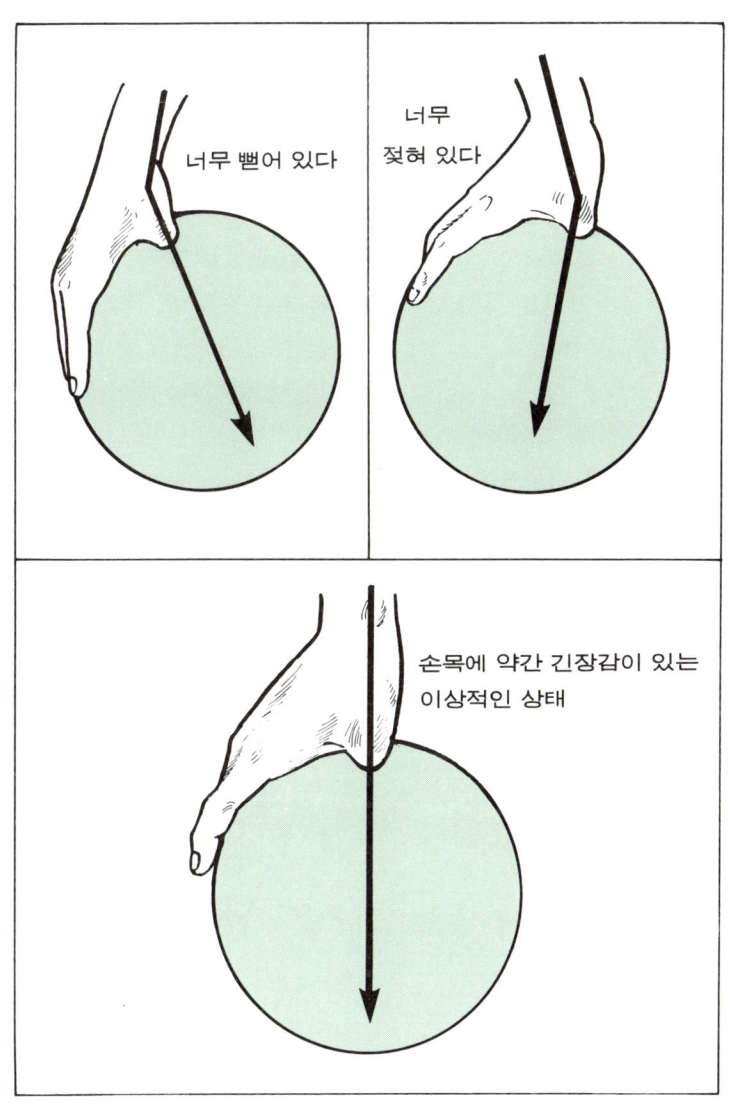

보다 강하게, 게다가 정확한 훅 볼이 되게 하기 위해서는 릴리즈 때에 리프트와 턴을 주게 할 필요가 있다. 리프트는 들어올리는 것이고 턴은 돌려준다는 뜻이다.

릴리즈할 때에는 먼저 엄지가 빠지기 시작한다. 즉 중지와 약지가 볼의 중력(重力)을 맡았던 이상으로 엄지가 받쳤던 부분까지 가해진다.

이때 두 손가락으로 착실하게 볼을 받쳐내고 있으면 된다. 손목이 젖혀지지도 않고 자연스런 폼이면 무리없이 릴리즈할 수 있을 것이다. 엄지가 좀처럼 빠지지 않거나, 반대로 너무 빨리 빠져서 쿵하고 밑에 떨어지는 것 같은 릴리즈에서는 볼을 받치는 반응이 없어지고 말 것이다.

턴의 요령은 얼마나 잘 엄지를 빼면서 턴시키는가를 유념하는 일이다. 릴리즈 때 볼에 회전력을 가하지 않으면 안 되기 때문에 그 이전에 턴시키고 있어도 아무 의미가 없다.

그렇다고는 해도 실제는 엄지가 빠지기 시작하면서 손목을 이용하여 볼을 턴시키는 것은 어지간히 손목이 강한 사람이라면 몰라도 일반으로는 할 수 있는 것이 아니다.

중지와 약지로
볼을 들어올리는
기분으로

그래서 준비 기간으로 스윙이 최하점에 이르는 조금 전부터 손목을 턴시키기 시작한다. 엄지는 거기까지는 12시 방향을 유지하고 있기 바란다.

내추럴 투구법보다 엄지가 바로 정면을 향하고 있었던 쪽이 돌리는 각도가 상당히 커지기 때문이다.

그리고 볼의 무게로 엄지가 볼에서 떠나려고 할 때 쯤에서부터 손목을 시계와 반대 방향으로 돌리기 시작해, 엄지가 구멍에서 다 빠졌을 때에는 10시 방향이 되도록 한다.

이치로는 알고 있어도 이 리프트 앤드 턴을 완전히 자기 것으로 삼기 위해서는 연습의 감각을 파악하는 이외에 방법은 없다.

리프트 앤드 턴을 하고 있는 속셈이라도 볼이 크게 커브해 버리거나, 크게 코스를 벗어나기도 한다.

이것은 리프트와 턴의 어느 쪽이 완전하지 않기 때문이다.

또 턴의 속셈으로 끝까지 손목을 치대어 릴리즈하고 있는 사람이 있는데, 항상 준비 단계에서 턴시키도록 조심하기 바란다.

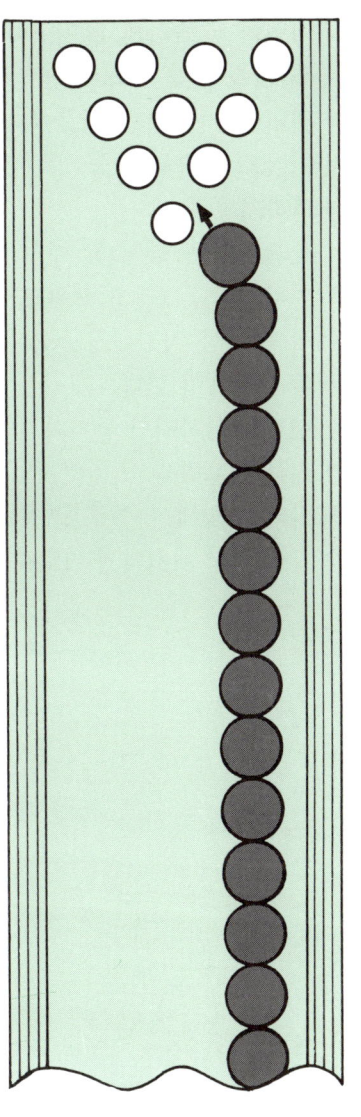

훅 볼의 코스

● STEP 4 레벨 업에 도전하자 83

리프트 앤드 턴을 익히게 되면 파괴력이 급속하게 늘어난다. 볼에 엄지를 중심 축으로 한 강력한 회전력이 가해지기 때문이다. 몇 번이라도 연습하여 꼭 그 감각을 파악하기 바란다.

힌트로서는 백 스윙 때의 엄지 위치의 확인, 그리고 포워드 스윙에서 최하점 직전까지 똑같은 위치를 유지해야 한다.

턴을 시작하지만 중지와 약지가 착실하게 그립해 있고 마지막에는 10시의 방향에서 폴로 스루해 있는가를 항상 체크하기 바란다.

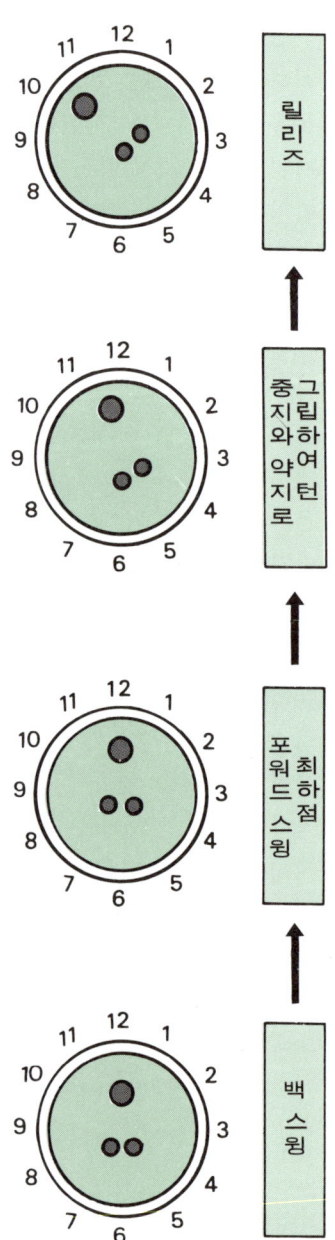

스트레이트 볼

릴리즈했을 때부터 일직선으로 핀을 향해 가는 스트레이트 볼은 초심자에게 많이 볼 수 있으나 의도적으로 겨누어 보면 알게 되지만 던지기가 어려운 볼이다.

직진성만으로 일체 옆에서의 회전력을 가지지 않는 볼을 던지기 위해서는 엄지가 완전히 바로 정면을 향하고 있지 않으면 안 된다. 시계 바늘로 12시의 방향이다. 그리고 중지와 약지도 똑같이 바로 뒤에서 릴리즈하지 않으면 안 된다. 이것은 몸에 있어서 상당히 답답한 투구법이 된다.

상급 볼러에게 스트레이트를 던지게 해도 좀처럼 일직선으로 볼이 구르지 않는 것은 아무리 하여도 옆의 회전이 가해져 버리기 때문이다.

그럼, 왜 초심자에게 스트레이트 볼이 많아지느냐 하면 실은 볼이 쑥 빠지고 말기 때문이다. 특히 엄지가 숙 빠지고 약지와 중지가 착실하게 볼을 그립하지 못했을 경우에는 포워드 스윙의 직진력만으로 볼이 구르기 때문에 휘어지지 않는다.

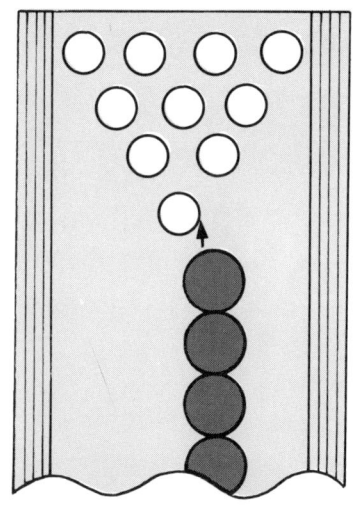

스트레이트 볼의 코스

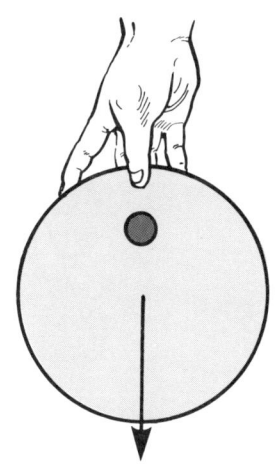

엄지는 12시,
중지·약지는 바로 뒤

● STEP 4 레벨 업에 도전하자 85

아무리 하여도 스트레이트 볼이 많아지게 될 경우에는 볼을 바꾸어서 착실하게 그립할 수 있도록 하고 쑥 빠지지 않도록 하기 바란다.

그렇기는 해도 휘어지는 것이 적은 스트레이트 볼의 투구 연습은 해둬야 한다.

그때에는 볼에 대해 엄지의 위치가 12시에 가깝게 되도록 유념하고 던지기 바란다. 완전히 12시일 필요는 없다. 11시와 12시의 반 가까이에서 던지고 일정하게 일정 코스를 지날 수 있게 되면, 예컨대 핀 한 개가 남았을 때에는 비교적 볼 코스를 상상하기 쉬워진다.

이것은 레인 컨디션이 좋지 않을 때에는 지극히 유효한 무기가 된다.

릴리즈 때에 볼이 쑥 빠져 버리면 스트레이트 볼이 많아진다

커브 볼

훅 볼과 커브 볼은 아주 많이 닮았으며 양자의 구별도 분명하게 있는 것도 아니다. 훅이 비교적 핀에 다가가고서 핵 휘어지는 데에 대해, 커브는 상당히 앞에서부터 휘어지는 것이 특징이다.

볼링에서 커브보다 훅 쪽을 이상적으로 삼는 것은, 너무 지나치게 휘어지면 볼의 컨트롤이 어려워진다는 이유에서이다.

어느 한 점을 정확히 히트하기 위해 투구 전에 자기가 상상한 코스를 구르게 하려고 해도 커브면 크게 빗나가고 말 위험성이 있다. 훅이면 오차는 상당히 적어진다.

또한 커브의 경우 항상 옆 회전의 힘이 가해져 직진력의 브레이크가 되고 볼 자체의 힘이 약화되어 버린다. 모처럼 노린 점을 히트시켰는 데도, 뜻대로 핀이 쓰러지지 않을 때가 많다.

커브 볼이 많아지기 쉬운 볼러의 특징은 턴이라고 한다. 볼을 릴리즈할 때에 볼을 돌려 버리고 있다. 포워드 스윙 때에는 엄지가 12시에서 1시의 방향을 향하고 있는 데도, 릴리즈 때에 9시경이 되고 만다.

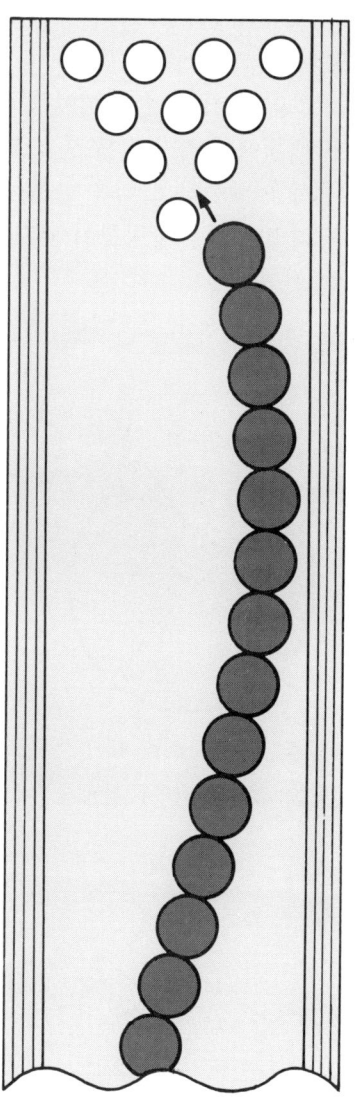

커브 볼의 코스

이것은 별로 칭찬받을 일이 못 된다. 손목에도 부담이 없어지게 되고 일찌감치 수정해 놓지 않으면 폼이 굳어져 버려 향상하지 못한다.
　그러나 커브 볼도 레인 컨디션에 따라서는 유효한 경우가 있다. 커브를 연습하자면, 우선 스트레이트와 마찬가지로 11시 반쯤에서 푸시 어웨이하고 다운 스윙에서 릴리즈 사이에 약간 볼을 턴시켜 릴리즈 때에 9시 방향이 되도록 유념하고 연습하기 바란다.

● 포워드 스윙 때

엄지의 방향이 12시에서 1시

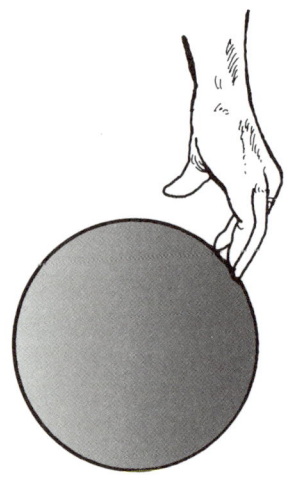

● 릴리즈 때

엄지의 방향이 9시경

백 업 볼

 야구에서 말하는 스크루 볼인데 볼링에서는 미스 투구법이 된다. 즉 오른쪽 던지기의 경우는 왼쪽으로 휘어지는 것이 당연해서 어지간히 무리하여 변칙적인 투구법을 하지 않으면 오른쪽으로 스크루할 리가 없기 때문이다.

 백 업이 되는 원인은 릴리즈의 순간에 허리가 크게 열리고 말아서 곧장 릴리즈한 속셈인 데도, 실은 왼쪽에서 오른쪽으로 건져내듯이 턴 시켜 버리고 있기 때문이다. 이때의 엄지 위치는 1시나 2시 방향이 되어 버린다.

 역회전이 되는 것이기 때문에 당연히 힘도 없고 그보다는 무엇보다 폼이 잘못되어 있는 것이기 때문에 하루라도 빨리 폼을 수정한 필요가 있다.

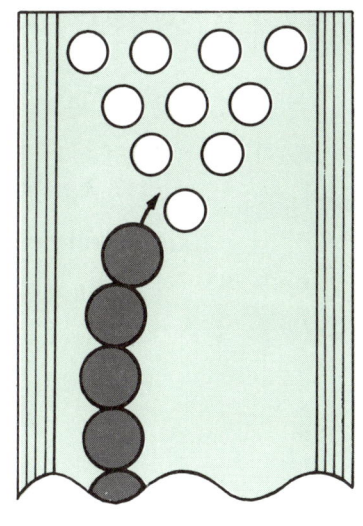

백 업 볼의 코스

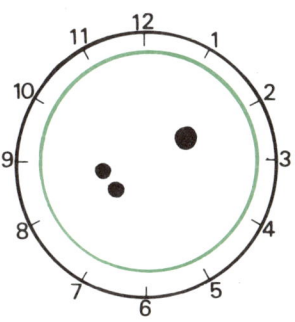

엄지의 위치가
1시~2시 방향이
되어 버리고 있다

● STEP 4 레벨 업에 도전하자 89

2. 볼의 회전을 업해 보자

상급자일수록 회전하고 있다

자기의 볼이 히트되기까지 어느 정도 회전하고 있는지 생각한 적이 있는지? 실은 볼링에 있어서는 회전(롤링)은 상당히 중요한 의미를 가지고 있다. 그것은 하나는 휘어짐이 강한 영향을 주는 점, 또 하나는 핀에 맞고 더욱 안으로 들어가는 힘은 볼의 회전수가 많은 쪽이 보다 강력하다는 점이다.

단순히 파울 라인의 중앙에서 곧장 ①번 핀까지 볼을 데굴데굴 굴려 가면 볼은 27회전하여 ①번 핀에 이른다. 그러나 실제는 레인에 오일을 발랐기 때문에 볼은 "미끌어 가면서 회전"하고 있다.

초심자가 힘껏 볼에 기세를 주어 볼을 던져도 불과 몇 회전밖에 하지 못한다. 한편, 상급자나 프로의 경우, 같은 스피드라도 10회에서 15회를 회전시키고 있다.

이 차이는 릴리즈할 때에 중지와 약지로 볼을 착실히 리프트하고 있느냐에 달려 있다. 폼이 안정되고, 리프트 앤드 턴을 완전히 마스터하면 회전수는 자꾸 오르게 된다.

볼이 몇 회전하고 있는가를 체크하자면, 손가락 구멍 가까이에 흰 테이프를 붙이고 던져 보면 될 것이다. 별로 회전하지 않으면 좀더 리프트 앤드 턴을 포함시켜 릴리즈를 착실히 연습할 필요가 있다.

롤링 타입을 체크

릴리즈가 안정되어지면 볼은 차츰 똑같은 구르기를 하게 된다. 이 롤링에는 크게 나누어 세 가지의 타입이 있다. 세미 롤링, 풀 롤링, 그리고 스피너로 부른다.

대부분의 볼러는 세미 롤링이다. 대체로 8할 정도가 이 타입이다. 자기가 어느 타입인가를 체크하자면 마이 볼의 경우에는 간단하다. 레인에 내던져진 볼은, 레인에 오일을 바르고 있기는 해도 역시 마찰되어서 몇 번이나 던져지는 동안에 뚜렷한 홈 자국을 보이게 된다. 이 홈을 롤링 트랙이라고 한다.

상급자가 되면 될수록 롤링 트랙은 선명해지게 된다. 즉 구질이 안정되 있어서 언제나 똑같은 부분에만 홈 자국이 집중되며 한 줄의 라인을 만들고 있는 것이다. 초심자라면 롤링 트랙은 흐트러지고 나비도 큰 것이 된다.

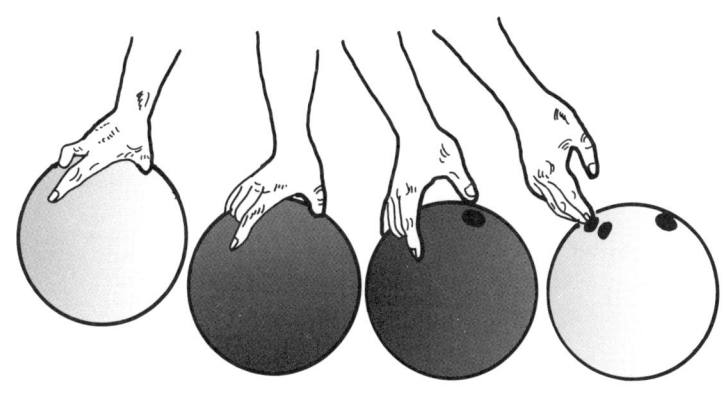

중지, 약지로 착실히 리프트한다

그럼 마이 볼을 가지지 않은 하우스 볼로 연습하고 있는 사람은 어떻게 체크하면 좋은가? 하우스 볼은 많은 사람이 쓰기 때문에 롤링 트랙은 할 수가 없다. 하우스 볼의 경우는 되돌아온 볼에 남겨진 오일의 자국으로 체크할 수가 있다.

그러기 위해서는 던지기 전에 깨끗한 천을 사용하여 볼에 묻은 오일이나 먼지를 닦아 줄 필요가 있다(이것은 롤링의 체크뿐만 아니라 습관화시키기 바란다).

되돌아온 볼의 표면에 희미하게 남아 있는 오일이 당신의 롤링 타입이다.

세 가지의 롤링 타입

남겨진 롤링 트랙에서 알 수 있는 볼의 회전은 크게 나누어 다음의 세 가지로 분류할 수가 있다.

①풀 롤링

이것은 볼의 원둘레, 즉 지구로 말하면 적도에 해당하는 부분을 풀로 써서 회전해 가는 볼이다. 초심자가 흔히 하는 백 업 볼과 같은 코스를 취한다. 다만 초심자의 경우는 실수로 그렇게 되는 데 대해, 이것은 의도적으로 풀 롤링하도록 릴리즈한다.

릴리즈할 때에, 훅 볼의 리프트 앤드 턴과 좌우 반대의 움직임을 시키면 풀 롤링한다. 훅이면 엄지가 10시에서 11시 사이에서 릴리즈되는 데 대해, 풀 롤링에서는 반대로 1시에서 2시 사이로 엄지가 향하고 있다. 즉 시계 회전으로 볼을 턴시킨 것이 된다.

보통 롤링 트랙은 엄지의 구멍과 약지, 중지의 구멍 사이를 비스듬히 가로지르고 있다. 이 타입은 손에도 부담이 상당히 없고, 연습은 폼이 안정되기까지 삼가는 편이 좋을 것이다.

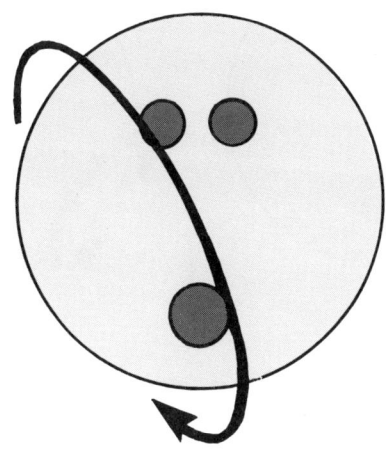

풀 롤링

②세미 롤링

드리 쿼터로도 일컫는 롤링 타입으로 볼 원둘레의 4분의 3정도를 궤도로 삼고 회전하는 볼이다.

앞에서도 언급한 바와 같이, 볼러의 대부분이 이런 타입의 롤링을 하고 있다.

오른손잡이의 경우, 엄지와 중지의 바깥 쪽에 롤링 트랙이 생긴다.

③스피너

가장 회전 반경이 작은 볼로 팽이처럼 빨리 스핀하기 때문에 이 이름이 붙여지고 있다.

릴리즈 때의 손목 움직임은 세미 롤링과 비슷하다. 그러나 억지로 빨리 턴시키기 위해 스핀이 걸리고 만다. 손을 억지로 돌리는 초심자 타입은 실수한 릴리즈이지만, 역시 똑같은 스피너를 던져 버리는 일이 많은 것 같다.

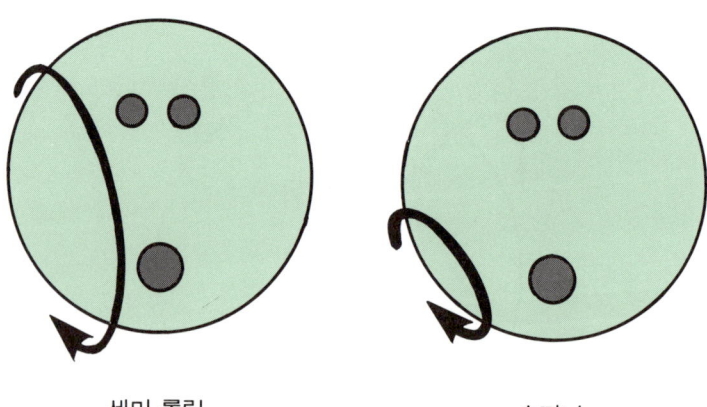

세미 롤링　　　　　　　　　스피너

차이는 리스트 액션으로 정한다

롤링의 차이는 그 대부분이 릴리즈 때의 리스트 액션으로 정한다. 손목을 펴고 턴을 크게 할수록 볼의 회전 반경은 작아지게 된다. 또, 손목으로 착실히 볼을 홀드하여 엄지를 빼지 않고 억지로 손목을 돌려서 던져도 회전 반경이 아주 작은 볼이 생겨난다. 이런 때에는 손가락 구멍의 반대쪽 밑바닥 부분만으로 팽이처럼 회전하면서 나아가는 스피너가 된다. 회전 반경이 작아지면 그것만큼 파괴력이 작아진다.

회전 반경 외에 볼의 어느 부분으로 회전하느냐 하는 것도 사람에 따라 다양하다. 리프트 앤드 턴은 각각의 개성이 나오기 때문에 의식적인 조정을 할 수 없는 실정이다. 다만, 궤도가 손가락 구멍에 걸려 있을 경우에는 완전한 미스 롤링이기 때문에 꼭 수정하기 바란다.

역시 기본은 세미 롤링

세 가지의 롤링 타입 중에서 어느 것이 가장 좋으냐고 하는 것은 간단히 말할 수가 없다. 풀 롤링에서 하이 애버리지를 내는 사람도 있다. 스피너도 한때는 가장 파괴력이 있다고 해서 붐이었지만, 결과적으로는 다른 것과 비교하여 차이가 없었다. 오히려 파괴력이 적다는 것이 지금은 정설이 되어 있다.

말할 수 있는 것은 다만 "대부분의 사람들이 채용하고 있는 롤링, 즉 세미 롤링이야말로 기본"이라는 것이다. 야구에서 오버 스로가 주류이고 언더 스로가 적은 것과 마찬가지로 생각하면 알기 쉽다고 생각된다. 따라서 세미 롤링을 연습해도 어쩐지 어울리지 않고, 몸에 익숙해지지 않는다고 생각했으면 가벼운 기분으로 다른 롤링에 도전하기 바란다.

의외로 피트할 경우도 있는 법이다.

3. 레인 컨디션을 파악하자

폼이 굳어지면서 같은 레인이라도 시간에 따라 볼의 휘어짐이 달라지는 것을 깨닫게 될 것이다. 훅하려던 볼이 훅킹 포인트를 넘어도 훅하지 않고 그대로 직진해 버리거나 반대로 크게 커브하기도 한다. 폼이 정상이고 릴리즈도 정확한 데도 노렸던 코스로 가지 않는 것은, 레인의 컨디션이 평소와 달라져 있기 때문이다.

극언하자면 모든 레인의 컨디션은 각각 미묘하게 다르다. 같은 레인이라도 아침과 밤에 따라 크게 컨디션이 달라진다.

볼링의 어려움, 깊고 오묘한 요인 중 하나가 이 레인 컨디션이다.

오일이 전부를 지배한다

국제 규격으로 전국의 레인은 1mm의 오차가 없도록 엄격히 체크되어 있다. 그런데도 왜 그처럼 레인에 따라, 시간에 따라 컨디션이 달라지느냐 하면 레인에 바르고 있는 오일의 상황이 각각 미묘하게 달라지기 때문이다. 어째서 오일을 레인에 바르느냐 하면 다음의 세 가지 이유에서이다.

①레인재(材)의 보호

레인에는 몇 만 번이나 무거운 볼이 내던져진다. 그것도 상급자뿐만 아니라 초심자도 있다. 그 중에는 쿵 하고 볼을 떨어뜨리는 사람도 있다. 그런 것의 충격에서 레인재를 지키는 것이 오일을 바르는 첫째 이유이다.

특히 파울 라인 약간 앞의 볼이 처음 레인에 받는 충격은 강렬한 것으로, 마찰한 열에 타서 누름이 생기게 되는 경우도 있다. 따라서 파울 라인 바로 앞의 부분에는 특히 두터울 듯하게 오일이 발라져 있다.

● 오일을 바르는 이유

STEP 4 레벨 업에 도전하자 97

②깨끗한 레인을 유지한다

에어 컨디션을 하고 있어도 레인에는 여러 가지의 먼지가 몰려온다. 또 볼에 의해서도 갖가지 먼지와 더러워진 것이 묻어온다.

오일을 발라 놓으면 이런 더러운 것들이 레인재에 부착해 버리는 것을 막을 수가 있다. 볼링장은 정기적으로 오일을 닦아내고 청소하는데 이때에 더러워진 것은 오일과 함께 간단히 제거할 수가 있다. 항상 깨끗한 상태를 유지하기 위해서도 오일은 도움이 되고 있다.

③볼의 에너지를 지속시킨다

또 하나 잊으면 안 되는 것은 오일은 볼과 레인과의 마찰을 감소시킨다는 점이다. 가령, 레인에 전혀 오일을 바르지 않았다고 한다면 마찰이 커져서 볼의 기세를 자꾸 약화시키고 만다. 그렇게 되면, 단지 팔힘이 있는 사람이 유리하고 게다가 회전도 별로 관계가 없는 단순한 게임이 되고 만다.

이 오일이 볼링을 어려운 것으로 만들고 있는 것은 사실이다. 그렇지만, 그렇기 때문에 볼링은 재미있는 것이다.

빠른 레인과 느린 레인

볼링의 TV중계 등에서 자주 "레인이 빠르다"거나, "느리다"라는 말을 들은 적이 있을 것이다.

빠른 레인이란 레인에 다량의 오일을 바르고 있는 상태이고 느린 레인은 반대로 소량의 오일밖에 바르고 있지 많은 상태를 말하는 것이다.

레인에 다량의 오일을 바르고 있으면 볼의 속도는 줄어들지 않고, 처음의 속도를 유지할 수 있기 때문에 "빠른" 레인, 반대로 오일이 엷으면 마찰에 의해 브레이크가 걸리기 때문에 "느린" 레인이라고 하는 것이다.

미국에서는 훅킹 레인(휘는 레인), 논 훅킹 레인(휘지 않는 레인)

이라고 한다. 그 까닭은 레인이 빠르냐, 느리냐 하는 것보다 휘느냐, 휘지 않느냐가 가장 중요한 포인트이기 때문이다.

빠른 레인에서는 지나치게 너무 속도가 나게 되면 볼은 휘어지기 어렵게 된다.

왜냐하면, 볼이 훅 또는 커브하는 것은, 레인과의 마찰로 직진하려고 하는 힘이 쇠퇴하고 릴리즈 때에 준 왼쪽 돌기의 회전력 쪽이 나아서 휘어지기 시작하기 때문이다.

그러니까 평소는 강력한 훅 볼을 던지고 있는 사람도 대부분이 곧은 코스를 나아가게 된다는 식이 되어 버린다.

평소에는 아주 조금밖에 휘지 않는 사람이라도 오일이 극히 적을 경우에는 크게 휘어지고 만다.

그 레인이 평소보다 휘어지느냐, 휘어지지 않느냐를 아는 것이 중요해진다.

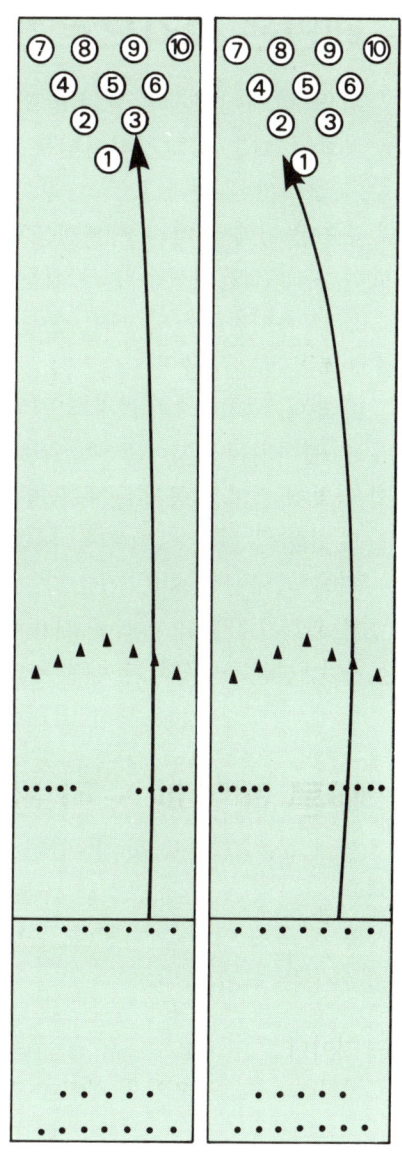

빠른 레인   느린 레인

● STEP 4 레벨 업에 도전하자

레인은 각각으로 변화한다

휘느냐, 휘어지지 않느냐고 하는 것은 레인의 오일 양에 따라 결정되기 때문에 그것이야말로 모든 레인마다 차이가 있다. 게다가 그것만이 아니다.

오일은 소량이기는 하지만 증발하고 볼에도 묻기 때문에, 그때마다 레인 컨디션은 변화하게 된다.

보통 볼링장에서의 레인 손질은 전날밤 또는 이른 아침에 하고 있다.

따라서, 아침의 영업 개시 직후에는 오일을 바른 직후이기 때문에 휘어지지 않는 레인이 된다. 그리고 1시간이 지남에 따라 차츰 휘어지게 된다. 영업이 끝나는 시간 직전에는 가장 필요 이상으로 힘이 없는 느린 볼이 된다.

레인 위에서 오일이 감소해 가는 최대의 원인은 뭐미뭐니 해도 볼이다. 가령 레인을 하루만 아무도 사용하지 않았을 경우에는 컨디션에 큰 차이가 나지 않는다. 볼이 레인을 구르고 있는 동안에, 자꾸 오일을 묻혀 버린다. 이른 시간에 볼을 던진 경우가 있는 사람이라면 알게 되겠지만 볼에는 분명히 오일의 자국이 묻어 있다.

볼에 묻은 오일을 한 번 던질 때마다 천으로 닦아내고, 또 던지는 것이니 오일이 감소해 가는 것은 당연하다. 당연히 레인의 사용 횟수도 영향을 미친다. 손님이 많은 볼링장일수록 컨디션의 차이는 커지게 된다.

레인 컨디션이 바뀌어도

다른 레인 컨디션에 대해, 어떻게 맞서면 되느냐고 하는 것은, 구체적으로는 실전 테크닉에서 설명하겠지만 중요한 것은 폼을 바꾸지 않고 던진다는 점이다. 볼이 휘어지는 상태가 다르기 때문에 턴을 크게 하거나 작게 하여 조정하면 된다고 생각할 때가 있겠지만 그것은 잘못이다. 실제로 해 보면 알게 되겠지만 평소의 폼을 바꾸어서 던진다는 것은 아주 어렵다.

게다가, 이제까지 폼을 안정시켜 같은 리프트, 같은 턴, 같은 릴리즈로 자기 볼의 점과 선을 만들기 위해 연습해 왔던 의미도 없어지게 된다. 프로의 경우는 레인에 맞는 볼을 선택하지만 아마추어는 그렇게까지 하지 않아도 된다. 이미 레인마다의 조정 방식이 있는 것이다.

● 레인 컨디션의 기본 패턴

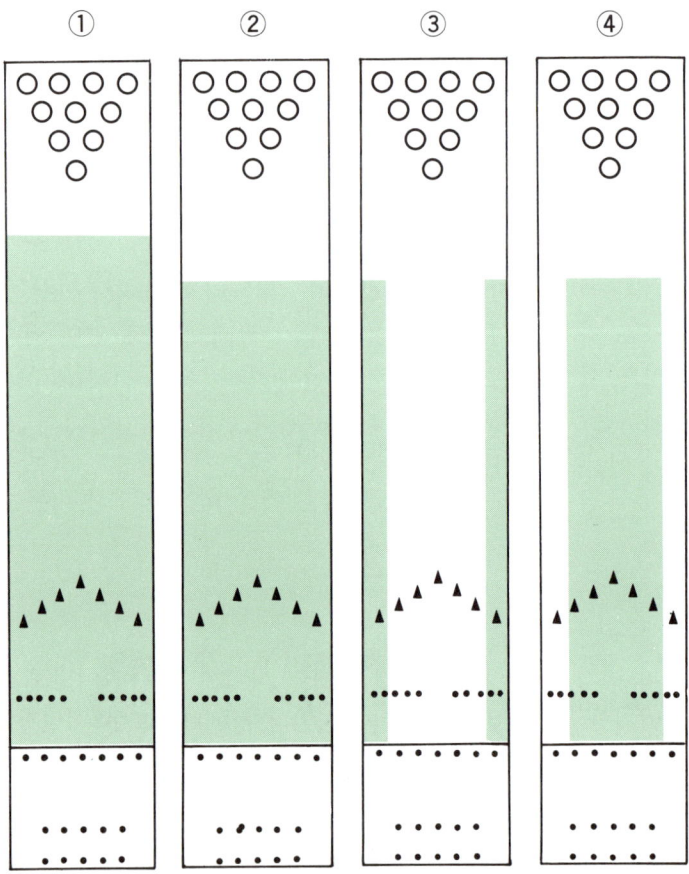

① 오일을 핀의 옆에까지 바르고 있기 때문에 볼이 아주 휘어지기 어렵다.(빠른 레인)
② 균일하게 오일을 바르고 있는 최상의 상태.(베터 레인)
③ 쓰이게 됨에 따라 중앙부의 오일이 감소한 상태. 안쪽은 휘어지지만 바깥 쪽은 휘어지지 않는다.
④ 하이 스코어를 내기 위해 고의로 만들어진 상태. 바깥 쪽으로 훅 볼을 던지면 포켓에 들어가기가 쉽다.

4. 자기만의 오더 메이드

마이 볼을 가지자

　초심자나 가끔 볼링장에 가는 사람에게는 그곳에 비치한 하우스 볼이 대단히 편리하다. 그러나 만약 잘하고 싶다면 그리고 취미로써 쭉 계속하고 싶다면 꼭 마이 볼을 가지기 바란다. 하우스 볼과 마이 볼은 그야말로 천양지차만큼 큰 기능 차이가 있기 때문이다.
　하우스 볼은 사람들 누구나 다 사용할 수 있도록 구멍이 뚫려 있다. 그렇다고 하는 것은 자기가 가장 사용하기 쉬운 볼과는 다르다는 뜻이기도 하다.
　손가락 구멍의 사이즈는 손가락이 굵은 사람에게도 맞도록 클 듯하게 만들어져 있다. 큰 것은 작은 것을 대신할 수 있다는 것인데, 당연한 일이지만 보통 손가락 굵기의 사람이나 작은 손가락의 사람에게는 손가락 구멍이 너무 헐겁다고 할 수 있다. 흔히 쑥 빠지는 게 많아지는 것은 이 때문이다.
　손의 크기, 손가락의 깊이나 굵기는 사람에 따라 그야말로 천차만별이지만 스팬(엄지에서 중지, 약지의 거리)도 모두 획일적으로 만들어져 있다. 평균적인 손가락 굵기의 사람이면 괜찮아도 그런 사람은 거의 없다고 할 수 있을 것이다.
　볼이 맞지 않기 때문에 스코어가 낮고 폼도 흐트러지면 재미가 없다. 꼭 마이 볼을 만들기 바란다.

처음에는 값싼 볼로도 충분하다

볼은 드릴러가 있는 전문점에서 만드는데 값비싼 볼일 필요는 없다. 초심자면 더욱 그렇다. 기술이 향상하게 되면 그것에 맞춰서 볼을 바꾸고 싶어질 테지만 값싼 가격의 볼로 충분하다. 우선 자기 전용의 볼을 가지는 일이 중요하다.

드릴러와 잘 의논하기 바란다. 드릴러는 여러 가지를 질문할 것이다. 평소에는 몇 파운드의 볼을 사용하고 있느냐? 애버리지는 어느 정도냐? 하는 질문을 하면서 그 사람에게 맞은 볼을 상정해 간다. 만약, 볼링장 안에 전문점이 있으면 실제로 게임을 하는 모습을 보여 주는 것도 좋은 방법이다.

볼의 무게를 정할 경우, 늘 사용하고 있었던 볼보다 무거울 듯한 볼로 해도 지장이 없다. 자기 손에 꼭 피트한 볼이면 지금보다도 무거운 볼도 던질 수 있게 될 것이다.

또, 하우스 볼과 달리 각 파운드의 중간 무게를 택할 수도 있다.

그립

볼의 무게를 정하면 다음은 그립을 결정한다. 이것도 드릴러가 어드바이스해 줄 것이다.

그립은 중지와 약지를 어디까지 손가락 구멍에 넣고 던지느냐에 따라서 다음의 세 가지 종류로 크게 나누어진다.

①컨벤셔널

중지와 약지를 제2관절까지 넣고 쥐는 것으로 볼링 교실 등에서 처음에 가르치는 초심자용의 그립이다. 하우스 볼도 이 컨벤셔널로 구멍이 나 있다.

장점은 제2관절을 접어서 그립하기 때문에 볼을 착실히 홀드할 수 있는 점이다. 리프트 앤드 턴을 몸에 익히게 하자면 가장 어울리는 그립이라고 할 수 있다. 다만 회전력이 좀 약한 것이 결점이라 할 수 있다.

②핑거 팁

프로나 상급자 사이에서 많이 쓰이고 있는 그립이다. 이 그립에서는 중지와 약지는 제1관절까지만 넣는다. 즉, 엄지와 다른 두 개의 손가락과의 간격이 길어지는 것으로, 회전을 살린 볼을 던지는 데에 어울리는 그립이다.

단, 그 분만큼 컨트롤이 어려워진다. 릴리즈의 방식에 따라 볼의 방향이나 휘어지는 상태가 크게 좌우되기 때문에 잘 다루자면 상당한 연습이 필요하다.

③세미 핑거 팁

중지와 약지를 제1관절과 제2관절의 중간까지 넣은 그립으로 앞의 두 그립 중간에 위치한다. 관절의 중간이라는 엉거주춤한 점에서 볼을 쥐기 때문에 손가락을 다친다는 지적도 있어, 현재로서는 별로 쓰이지 않게 되었다.

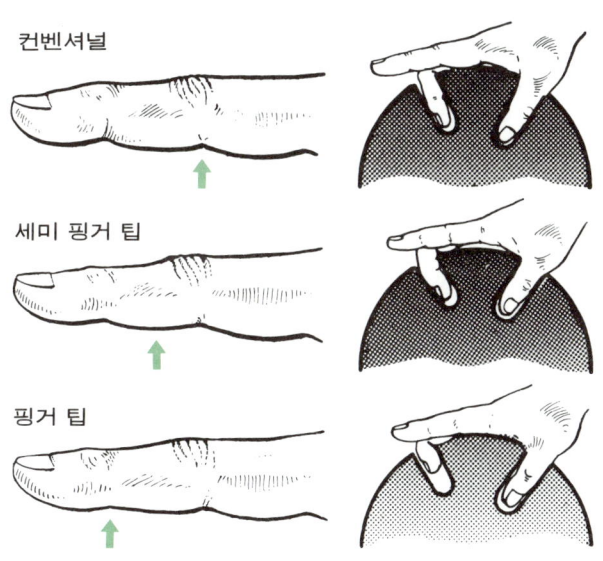

피치(손가락 구멍의 각도)

사람에 따라 손의 크기, 손가락의 모양, 살집 등은 각양각색이다. 그 사람의 특징에 맞춰 구멍을 내게 되는데, 그 테크닉의 하나에 손가락 구멍을 어떤 각도로 파느냐고 하는 피치가 더해지게 된다.

피치는 초심자의 경우 드릴러가 판단하여 그 사람에게 맞은 피치를 선택해 준다. 피치는 "몇 번"이라고 표시되는 것이 아니라 길이로 표시된다. 곧장 중심을 향해 파게 되는 것을 피치 제로로 삼고 중심에서 벗어나 있을 경우에는 그 벗어난 길이에 따라서 표시된다.

볼의 중심에서 안쪽(관절이 접어지는 방향)의 각도를 포워드 피치, 반대 방향을 리버스 피치라고 한다. 또 중심에서 우측으로 향하는 피치를 라이트 피치, 좌측을 레프트 피치로 부르고 있다.

즉, 전후 좌우로 사람에 따라 다른 피치로 구멍을 파게 된다.

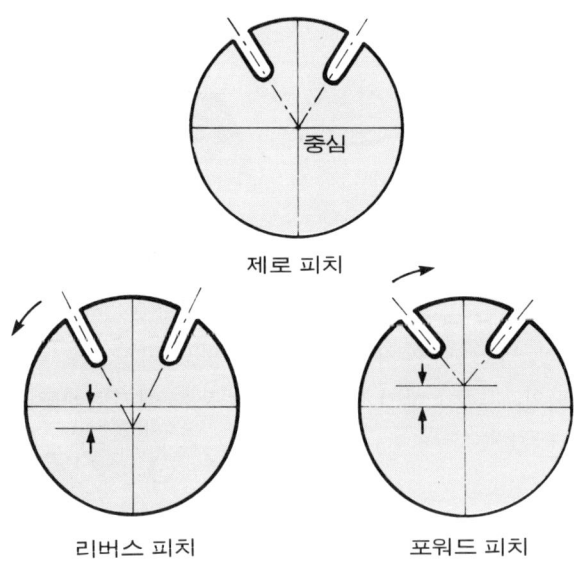

마이 볼은 엄지가 빠지는 것이 결정타

각각의 손가락 구멍이 크고 헐거우며 깊숙한 하우스 볼과 달라서 마이 볼은 소유하는 사람에 맞춰 꼭 피트하도록 손가락 구멍을 판다. 이것에 따라 볼을 가볍게 스윙할 수 있고 속도도 붙기 쉬워진다.

한편, 손가락 구멍을 꼭 어울리게 하면 이번에는 손가락을 빼는 것이 문제가 된다. 특히 엄지가 빠지지 않으면 쿵 하고 레인에 볼을 떨어뜨리는, 이른바 로프트 볼이 되거나 봉구(棒球)가 되어 버린다.

따라서 엄지를 꼭 끼게 하는 사이즈로 하고, 게다가 빠지기 쉽게 구멍을 내는 것이 중요하다. 이것에는 일정한 법칙이 있어서 드릴러가 이해하고 있으므로 초심자는 모든 것을 맡기는 쪽이 좋다고 생각한다.

완성되고서의 미조정도 잊지 말자

하우스 볼과 비교하여 완성된 마이 볼의 손가락 구멍 속은 반들반들하지 않다. 손가락의 걸림을 중시하기 때문이다.

그러나 왜 그런지 모르게 너무 걸려서 손가락을 빼는 것이 매끄럽지 않은 경우도 있다. 이것은 실제로 던져보지 않으면 전혀 알 수 없다.

보통, 드릴러는 그것을 체크하기 위해 손가락에 분필 같은 것을 묻혀 구멍에 넣어 보고 참고로 삼는다. 필요 이상으로 걸리는 부분에 그 분필의 자국이 남기 때문에 그 부분을 매끄럽게 하면 된다고 판단하게 된다.

우선 몇 번을 던져 보고 어쩐지 손가락이 걸리는 것 같으면 주저 말고 드릴러에게 의논하기 바란다. 프로는 손수 샌드 페이퍼 같은 것으로 조정하지만 아마추어는 드릴러를 믿고 맡기자.

● 볼링의 역사

3. 한국에서는

    볼링은 길이 $19.15m$, 나비 $1.66m$의 레인(마루)의 끝에 열 개의 핀(높이 $38.8cm$)을 세우고 한쪽 끝에서 세 걸음쯤 힘주어 달리다가 한계선에서 레인 위로 공을 굴려, 핀을 쓰러뜨리고 그 수를 세어서 승자를 겨루는 스포츠를 말한다.
    한 게임은 10프레임의 득점(핀을 쓰러뜨리고 얻은 점수)을 합계해서 득점 수가 많은 순으로부터 상위가 되고 경기를 행하는 경우, 사전에 몇 게임으로 하는가를 정하는데 대체로 경기 대회 등에서는 3게임제인 경우가 많다. 실력의 차이에 따라 핸디를 주거나 인원수가 많을 경우에는 토너먼트, 리그전 등의 방식으로 거행된다.
    한국에서 현재 성행하고 있는 볼링에 가까운 이 놀이는 이미 4세기 경 독일이나 네덜란드에서 행하여진 것으로 전해지고 있다. 그 후 1626년에 네덜란드 인이 미국으로 가지고 들어가 한때는 도박 게임으로 유행하였는데, 경기로서 룰이 확립된 것은 1874년이었다. 우리나라는 해방 후에 보급되기 시작했지만 일부 층에서 즐기고 있었을 뿐 대중화되지는 못하고 있었다.
    그러다가 대한 볼링 협회(대한 체육회 가맹 단체), TV 중계, 서울 아시아 대회에서 정식 종목이 되는 등 스포츠로서의 볼링의 장점, 간단함, 깊고 오묘한 점 등이 이해되어 일부 층만이 아니라 가족 스포츠로서 각광을 받게 되면서부터 많은 사람들의 대중 오락으로서도 자리잡아 가고 있다.

STEP 5
실전 테크닉

- 3·1·2, 3·4·5 이론을 마스터하자
- 실례 스페어를 노리는 법

1. 3·1·2, 3·4·5 이론을 마스터하자

실전에서 애버리지를 자꾸 높여가기 위해서는 레인 컨디션에 맞춰 릴리즈 포인트나 타깃을 바꾸어가야 한다.

그 때문에 중요한 기초가 되는 이론을 여기서 마스터해 놓자.

3·1·2의 레인 레이아웃

레인의 규격은 일정한 법칙으로 이루어져 있다.

우선 스탠딩 스포트(어드레스 위치)에서 파울 라인까지 15피트, 파울 라인에서 타깃 애로까지도 똑같이 15피트, 애로에서 헤드 핀까지는 45피트로 되어 있다. 이것은 3·1·2의 비율이다.

따라서 애로를 정점으로 한 이등변 삼각형을 상정해 보면, 스탠딩 포지션에서 오른쪽으로 널빤지 두 장 분을 이용하고 애로는 그대로 하면 파울 라인에서는 널빤지 한 장을 오른쪽으로 이동하고, 헤드 핀인 곳에서는 널빤지 세 장 분만 왼쪽으로 이동하는 것이 된다.

그림에서는 알기 쉽도록 직선으로 나타내고 있으나 이것은 훅이나 커브라도 마찬가지이다. 이 이론은 여러 가지로 응용할 수 있는 중요한 것이므로 꼭 마스터하기 바란다.

애로 목표를 바꾸지 않고 오른쪽으로 두 장 움직여 정확히 애로를 통과시키면 볼은 이전보다 왼쪽으로 세 장을 이동하여 핀에 맞는 것이다.

● 3·1·2 이론

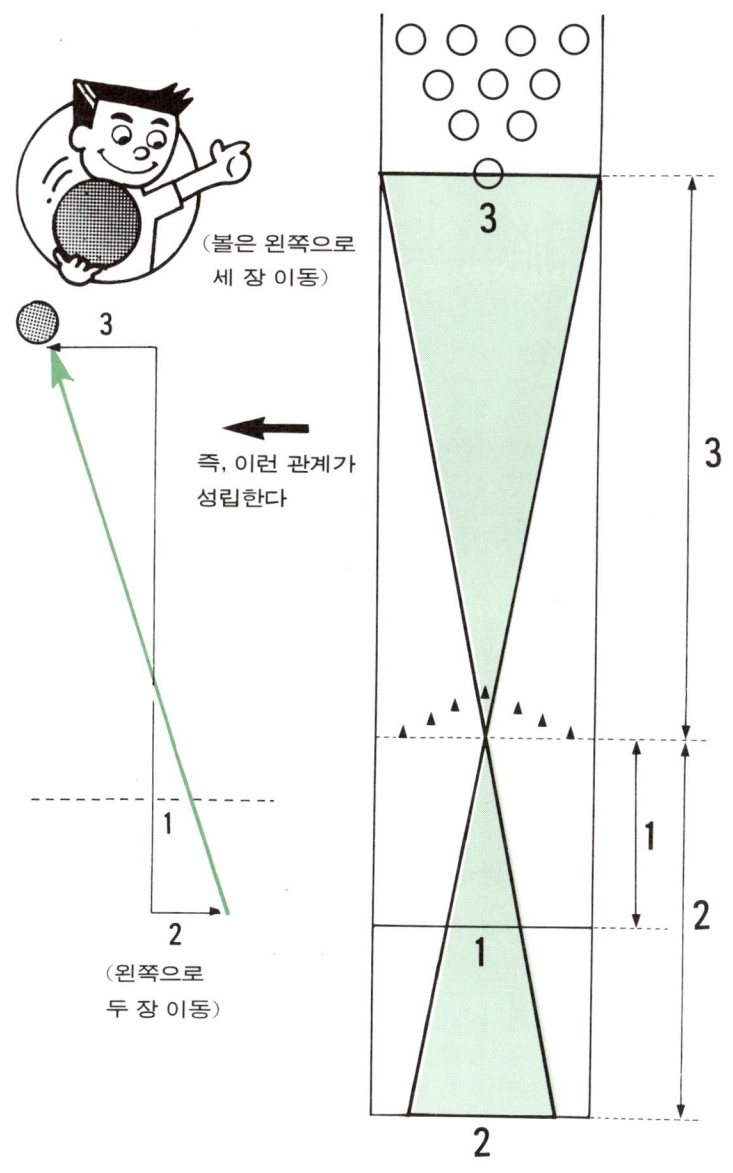

(볼은 왼쪽으로 세 장 이동)

← 즉, 이런 관계가 성립한다

(왼쪽으로 두 장 이동)

우선 스트라이크 코스에서 응용

스트라이크 포켓이란 ①번 핀과 ③번 핀에 대해 17엇결에서 볼이 히트하는 포인트이다.

그런데 구질에 의하거나, 레인이 빠르거나, 느리거나 하는 것으로 볼이 포켓을 히트하지 않을 경우가 있다.

그 보다는 오히려 표준적인 릴리즈를 하여 오른쪽 열 장에서 릴리즈하고 2번 애로를 통과해도 스트라이크 포켓에 들어가지 않는 경우가 많은 법이다.

그래서 3·1·2 이론의 응용이다. 볼이 ①번 핀의 좌측으로 가버려 브룩클린 코스가 되고 마는 경우에는 서는 위치를 왼쪽으로 이동하게 된다.

그럼, 볼이 오른쪽으로 23엇결에서 ①번 핀을 히트하고 있을 경우 왼쪽으로 몇 장을 이동하면 되는 것일까?

스트라이크 포켓은 오른쪽으로 17엇결이기 때문에 그 차이는 여섯 장이다. 3·1·2 이론으로 한다면 스탠딩 포인트에서 왼쪽으로 네 장, 릴리즈 포인트에서 왼쪽으로부터 두 장을 이동하면 볼은 스트라이크 포켓으로 들어가게 된다.

그럼 반대로 ①번 핀을 빼고 ③번 핀을 직격하고 마는 것 같은 볼 코스였을 경우에는 어떨까? 이 경우는 논 훅킹 레인(빠른 레인)에 많이 나오기 쉬운 것인데, 우선 ③번 핀을 히트했을 때의 엇결을 읽는다. 오른쪽에서 열 두 장째를 히트했으면 스트라이크 포켓과의 차이는 네 장이다. 이 장 수로 릴리즈 포인트를 구하면 $3:2-4:x$라는 계산에 따라, 엇결로서 오른쪽으로부터 세 장 약(弱)을 이동하면 되는 셈이다. 세 장 약이란 엉거주춤하나 던지면서 위치를 미조종하기 바란다.

그 레인에서의 스트라이크를 노리는 스탠딩 포지션을 발견할 수 있을 것이다.

● 3·1·2 이론의 응용

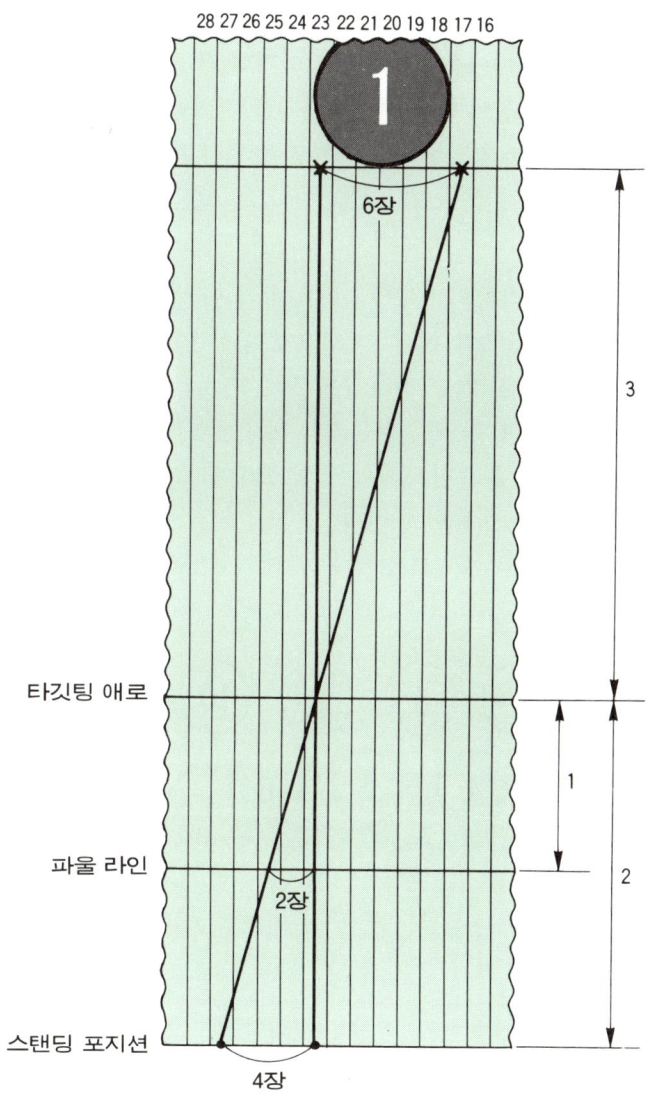

STEP 5 실전 테크닉

3·1·2의 응용 3·6·9 이론

3·1·2 이론에 따라 그 레인의 스트라이크 코스의 스탠딩 포지션이 발견되었으면 다음은 3·6·9 이론을 마스터하자.

3·1·2는 레인의 레이아웃상의 비율이었지만, 3·6·9는 비율이 아니다. 2번 애로 위를 볼이 통과한다는 원칙을 지키면서 엇결을 이동하여 스탠딩 포지션을 변경하고 스페어를 잡으러 가는 방법이다.

* 엇결 세 장을 오른쪽으로 이동하면 ②, ⑧번 핀을 잡을 수 있다

3·6·9 이론은 핀 좌측의 ②, ④, ⑦번 핀이 남겨졌을 경우에 극히 유효한 이론이다. ②번 핀이 키 핀으로 남아 있을 경우에는 오른쪽으로 엇결로써 세 장, 스트라이크 포지션(3·1·2 이론에서 결정한 포지션)을 이동한다. 목표가 되는 2번 애로는 바꾸지 않는다.

그리고 그 위치에서 스타트해서 볼을 2번 애로 위를 통과시켜 주면 키 핀 ②번 핀을 히트하게 된다.

이것에 따라 ②-④-⑦, ⑧번 핀을 스페어할 수가 있다.

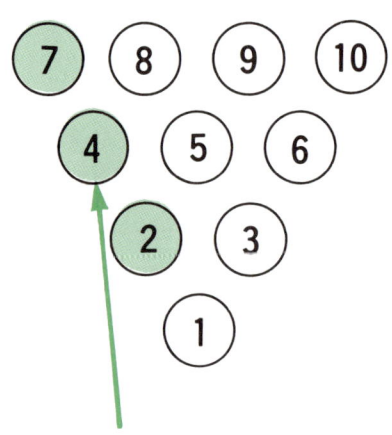

❷❹❼의 스페어(키 핀은 ❷)

• 엇결 여섯 장을 오른쪽으로 이동하면 ④번 핀을 잡을 수 있다

마찬가지로, ④번 핀이 키 핀으로 되어 있을 때에는 스트라이크 포지션에서 오른쪽으로 엇결로써 여섯 장을 이동한다. 지나가게 하는 스포트는 역시 마찬가지로 오른쪽에서 2번째의 애로 위이다.

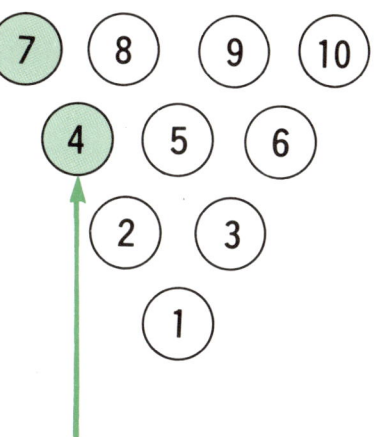

❹❼의 스페어(키 핀은 ❹)

• 엇결 아홉 장을 오른쪽으로 이동하면 ⑦번 핀을 잡을 수 있다

⑦번 핀을 남기는 것은 좋지 않은 핀 남기기이지만 이것을 확실히 잡기 위해서는 엇결로써 아홉 장을 이동한다. 목표는 같은 ②번 애로이다. 비스듬히 가는 것이 크기 때문에 주의하여 릴리즈하기 바란다.

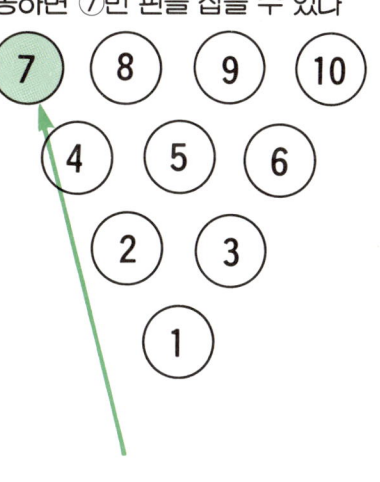

❼의 스페어

• STEP 5 실전 테크닉 115

3·4·5 이론

이 이론은 하이 애버리지 볼러의 이론이지만 초심자도 익혀 놓으면 손해는 없다.

정확히 ①번 핀을 히트하고 있는 데도 스트라이크가 되지 않고 핀이 남게 되는 것 같은 레인에서 던지는 경우에는, 볼의 침범이 중요해지게 된다. ①번 핀에 맞은 볼이 약간 되튕기면서 다음으로 ③번 핀에 맞지 않고 핀이 남게 되는 경우가 많기 때문이다.

이때에는 레인의 레이아웃의 또 한쪽 비율, 헤드 핀에서 타깃팅 애로까지의 거리 60피트, 헤드 핀에서 스탠딩 스포트까지의 거리 75피트 비율 3:4:5를 사용한다. 이론적으로 타깃을 엇결로 세 장을 오른쪽으로 움직이고 스탠딩 포지션을 오른쪽으로 엇결 다섯 장을 움직여도 볼은 헤드 핀을 직격할 것이다. 다만 침범 각도가 다르기 때문에 ⑤번 핀에 대한 볼의 되튕겨오는 것도 각각 다르게 된다.

실전 테크닉으로서 3·4·5 이론을 쓸 경우에는 표준 스트라이크 코스에서 몇 번 핀이 남기 쉬우냐 하는 것으로 결정한다. ⑤번 핀이나 ⑩번 핀이 남기 쉬울 경우에는 ③번 핀에 대한 맞히기가 약간 오른쪽으로 벗어나 있기 때문에 오른쪽으로 이동하여 오른쪽에서의 각도를 줄 필요가 있다.

반대로 ⑦번 핀이 남게 될 경우에는 너무 침범하고 있기 때문에 왼쪽으로 이동한다.

엇결을 몇 장 이동하느냐 하는 것은 이 이론을 응용한 2·4·6 이론과 같이 미묘해서 어느 정도 감각으로 미조정하지 않으면 안 되는 것이지만 상급자에게 있어서 필요한 이론이기 때문에 연습하기 바란다.

● 3·4·5 이론

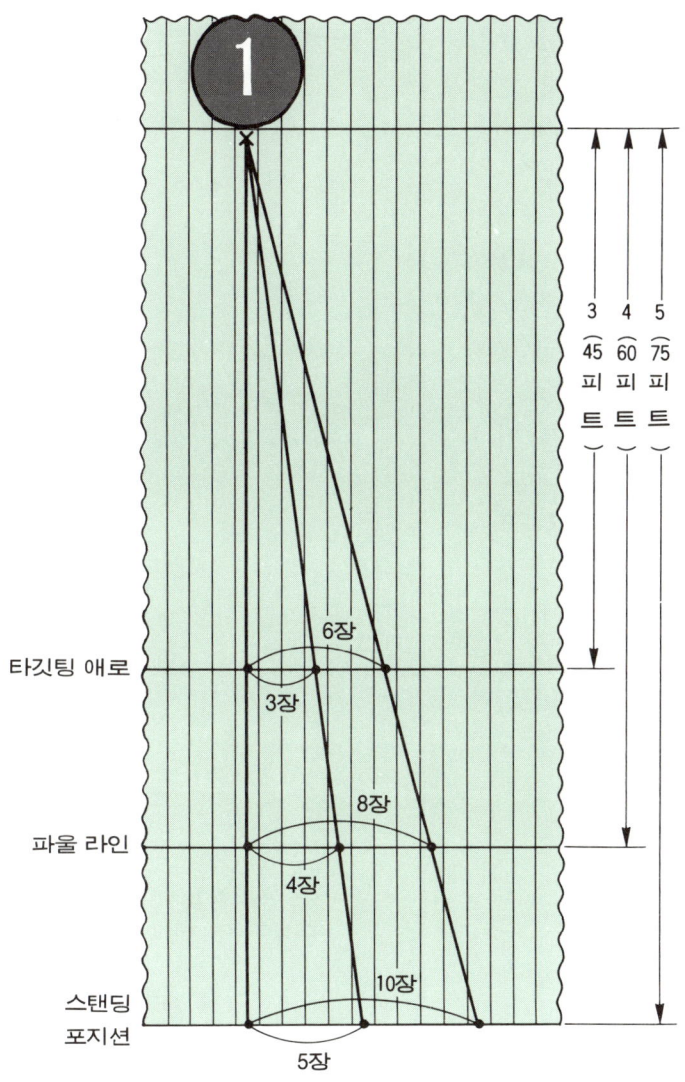

초심자에게 유용한 평행 이동

3·1·2 이론과 3·4·5 이론은 어렵다고 생각하는 초심자에게 적합한 조정법은 평행 이동이다.

레인이 휘어지기 쉬운 훅 레인(느린 레인)의 경우에는 표준 스탠딩 포지션을 오른쪽으로 이동하고 타깃도 마찬가지로 널빤지 수만큼 오른쪽으로 이동한다.

반대로 휘어지기 어려운 논 훅킹 레인(빠른 레인)의 경우에는 왼쪽으로 평행 이동한다. 볼의 컨트롤이 정확하고 매 회 똑같은 코스를 지나간다고 하면, 그 라인을 그대로 평행 이동하여 키 핀을 노리면 된다.

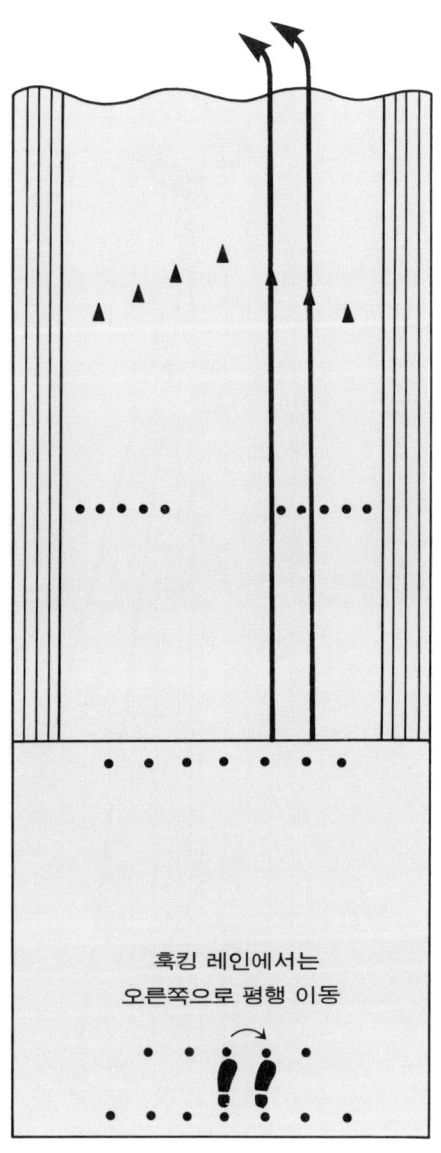

훅킹 레인에서는
오른쪽으로 평행 이동

오른쪽에 남기는 3번 애로를 노린다

우측의 ③⑥⑩의 핀이 남았을 경우에는 세 번째의 애로를 사용한다.

오른쪽 던지기의 볼러에게 있어서 우측에 남는 것, 특히 ⑩번 핀이 남는 것은 기피하지만 3번 애로를 사용함으로써(크로스 앨리 투구법) 우측에 대한 거터를 걱정하지 않고 던져넣을 수가 있다.

표준이 되는 서는 위치는, ⑩번 핀 겨눔일 경우에는 스트라이크 코스의 서는 위치에서 오른쪽으로 엇결 세 장을 이동, ③번 핀 겨눔은 똑같이 오른쪽으로 엇결로써 여섯 장을 이동하고 3번 애로를 지나가게 한다.

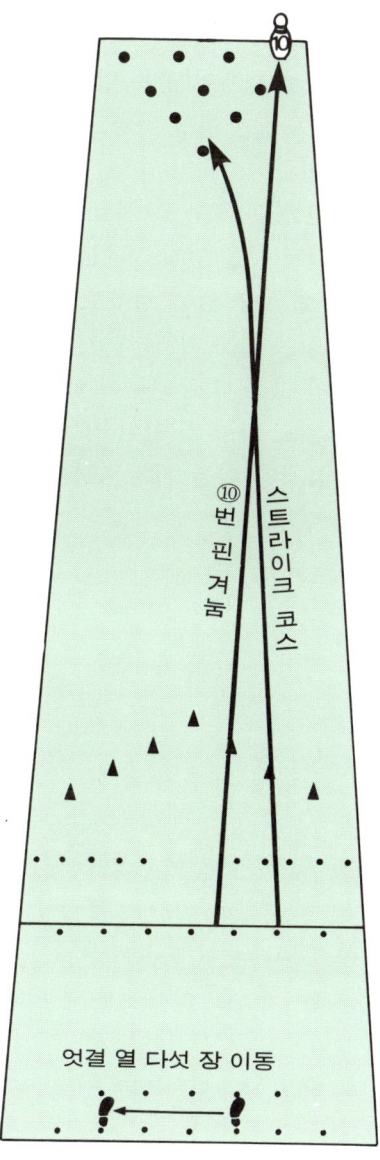

STEP 5 실전 테크닉

2. 실례 스페어를 노리는 법

여기서 스페어 잡은 법을 실례를 들어 설명한다. 각자의 구질이나 코스 등이 여러 가지로 다르겠지만 표준적인 잡는 법으로 생각하기 바란다.

또한 볼은 모두 훅 볼로 상정하고 있다. 커브나 백 업, 거기다 스트레이트 등을 던질 수 있는 사람은 그러한 투구 방법이 쉽게 스페어를 잡을 수 있는 경우도 있지만, 역시 기본은 훅이기 때문에 훅으로 잡는 법도 마스터하기 바란다.

일단 그룹 별로 나누어 있지만 훅 볼이라도 그 밖의 코스를 사용하는 것도 말할 것 없이 가능하다.

대표적인 다섯 가지 코스를 머리에 떠올리면서 착실히 익혀 주기 바란다.

- 극히 쉽게 잡을 수 있는 스페어이다.
- ③-⑥의 포켓 겨누기라도 브룩클린 기미로 ③번의 왼쪽으로 들어가도 스페어가 된다.
- ③번 핀 직격이면 ⑥번이 남을 경우도 있다.

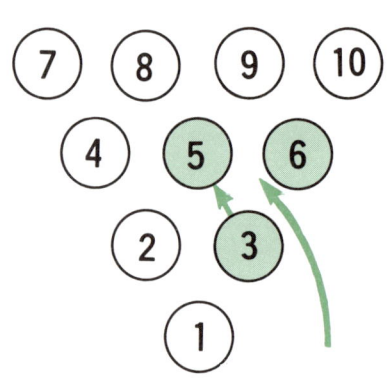

❸❺❻의 스페어

- 스트라이크 포켓 겨눔으로 쉽게 스페어한다.
- 모두 볼로 쓰러뜨릴 수 있다.
- ①번 핀에 너무 투텁게 맞지 않도록 한다.

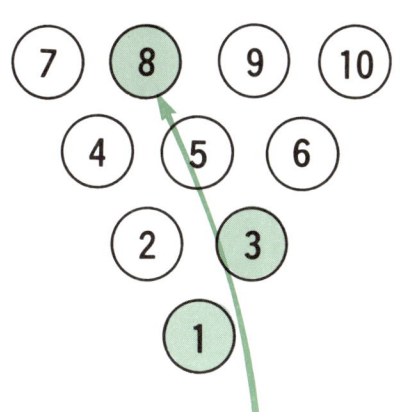

❶❸❽의 스페어

- 이것도 스트라이크 포켓 겨눔이다.
- ⑧번 핀은 볼로 쓰러뜨리는 것이 원칙이다.
- ③번에 두텁게 들어갔을 때에는 ③번 핀이 ⑧번을 쓰러뜨릴 때도 있다.

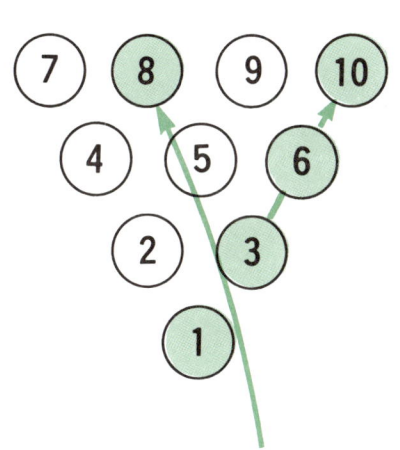

❶❸❻❽❿의 스페어

● STEP 5 실전 테크닉 121

- 브룩클린(⑧번 핀) 코스이지만 ②번 핀의 오른쪽으로 맞으면 스페어가 된다.
- 왼쪽으로 빗나갈 위험성이 있는 ②-④의 겨눔보다도 ②-⑤의 포켓을 노린다.

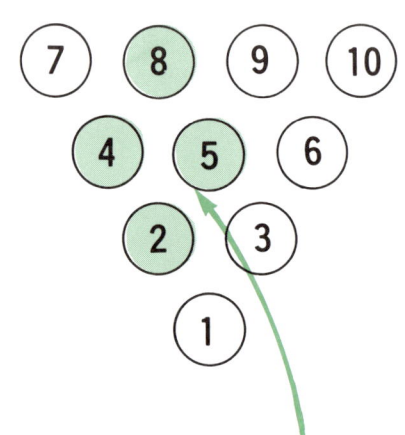

❷❹❺❽의 스페어

- 위의 스페어보다 쉽게 잡을 수 있다.
- 키 핀은 ②번 핀이지만 너무 두껍게 들어가지 않도록 한다.

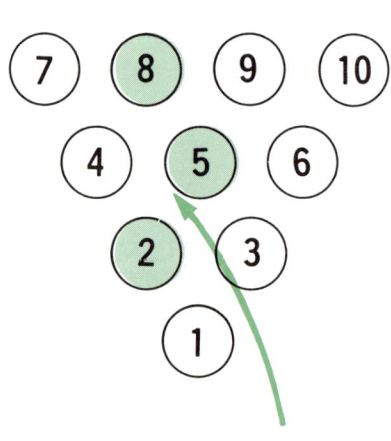

❷❺❽의 스페어

- 전형적인 브룩클린 코스이지만 ⑦번 핀이 남기 쉽다.
- ⑤번 핀에 대한 세컨드 임팩트에 조심하자.

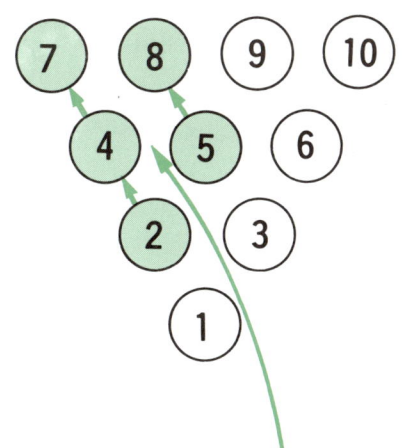

❷❹❺❼❽의 스페어

- ⑦번 핀 겨눔의 코스로 스페어를 잡을 수 있다.
- 그러나 리스크가 약간 크기 때문에 ④-⑧의 포켓 겨눔 쪽이 확실하다.

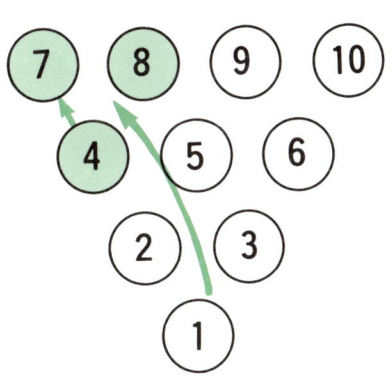

❹❼❽의 스페어

- ⑨번 핀 코스로 자연스럽게 던져넣는다.
- 거터가 겁날 때는 크로스 레인에서 던지자.

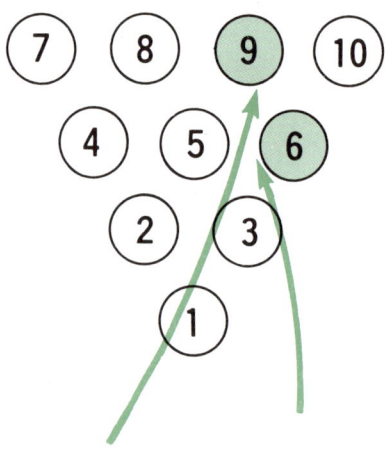

❻❾의 스페어

- ⑨번 핀 코스, ⑩번 핀 코스의 어느 쪽에서도 잡을 수 있다.
- 크로스 레인 투구법으로 던져보자.

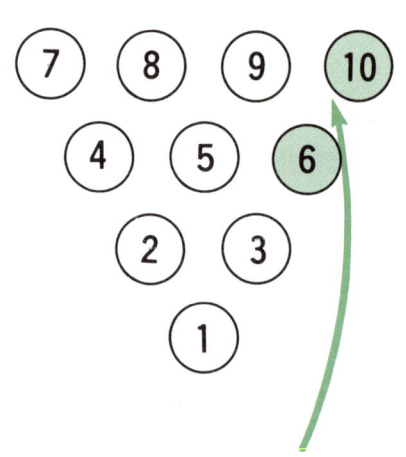

❻❿의 스페어

- 킹 핀의 왼쪽으로 얇게 댈 수 있었으면 ⑩번 핀으로 향한다.
- 인사이드를 가득히 써서 던지자.

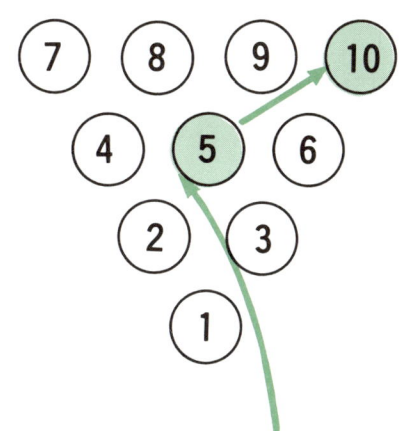

❺⑩의 스페어

- ⑤-⑨의 포켓으로 넣으면 스페어가 된다.
- 컨트롤 승부이다.

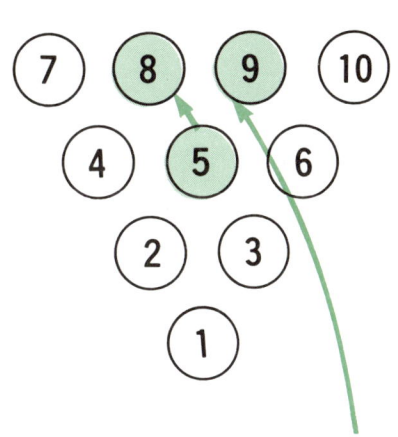

❺❽❾의 스페어

- ①-③의 포켓 겨눔으로 약간 ③에 두터울 듯한 느낌으로 볼을 컨트롤한다.
- 그렇게 어렵지는 않다.

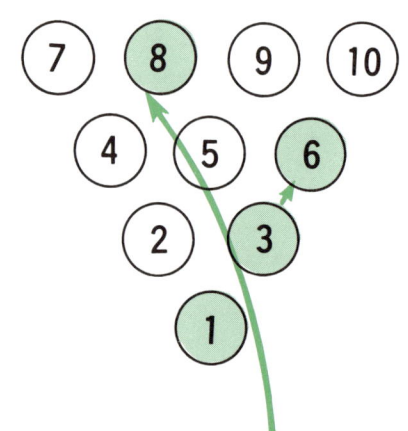

❶❸❻❽의 스페어

- ⑧번 핀 코스를 겨눈다.
- ④번 핀 오른쪽을 히트하면 쉽게 스페어를 잡을 수 있다.

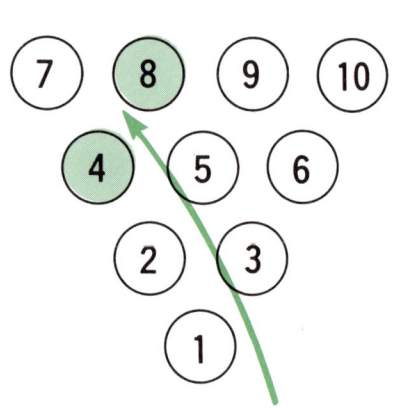

❹❽의 스페어

- ①번 핀 오른쪽에 두텁게 들어가면 ⑦번 핀이 남게 된다. 비교적 어려운 스페어이다.
- ⑦-⑧의 포켓에 확실히 넣지 않으면 절대로 잡을 수 없다.

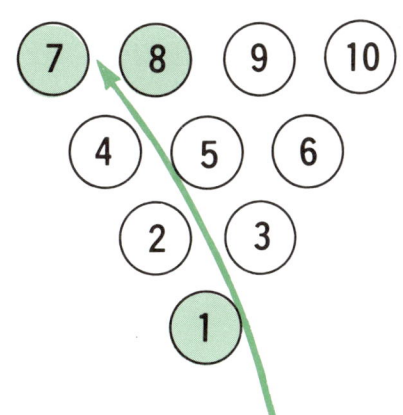

❶❼❽의 스페어

- 2번 핀의 오른쪽을 지나게 하느냐 왼쪽을 지나게 하느냐가 생각할 점이지만 확실히 오른쪽에 두터울 듯하게 볼을 넣어 주면 될 것이다.

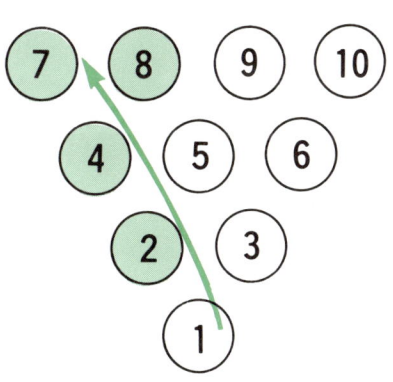

❷❹❼❽의 스페어

- 상당히 어려운 핀 남음이지만 ⑩번 핀 코스보다 아주 조금만 오른쪽을 노린다.
- 자신이 없으면 어느 쪽이건 하나를 확실히 잡는다.

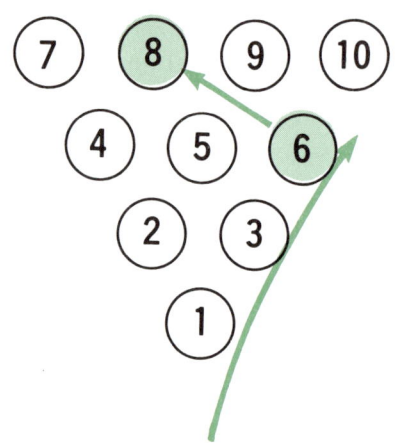

❻❽의 스페어

- 키 핀은 ③번이지만 ⑨번 핀 코스를 사용한다.
- 비교적 쉽게 스페어를 잡을 수가 있다.

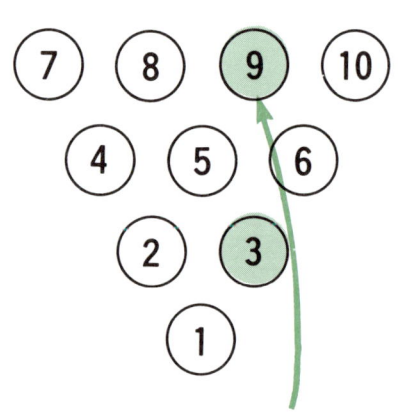

❸❾의 스페어

- 앞의 그림과 같은 ⑨번 핀 코스이다.
- ③번에 너무 두텁게 들어가면 ⑨번이 남을 경우가 있기 때문에 ③-⑥의 포켓으로 정확히 한다.

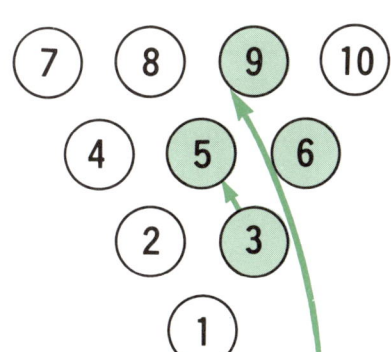

❸❺❻❾의 스페어

- ⑦번 핀 코스보다 약간 오른쪽의 라인이다.
- ②-④의 포켓에 넣으면 확실히 스페어가 생기게 된다.

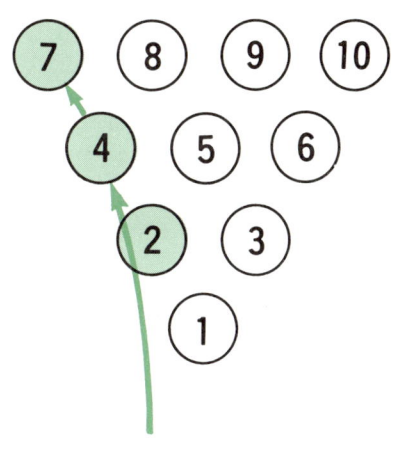

❷❹❼의 스페어

- ⑨번 핀 코스냐, ⑩번 핀 코스냐 하고 망설이는 점이지만 ⑨번 핀 코스가 바른 해답이다.
- ③-⑥의 포켓을 정확히 겨눈다.

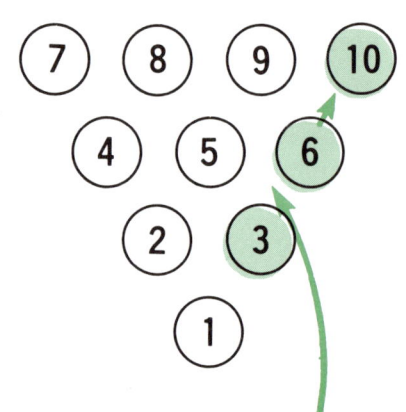

❸❻❿의 스페어

- 상당히 어려운 스페어이다.
- ①번 핀의 왼쪽에 얇게 대도록 한다.

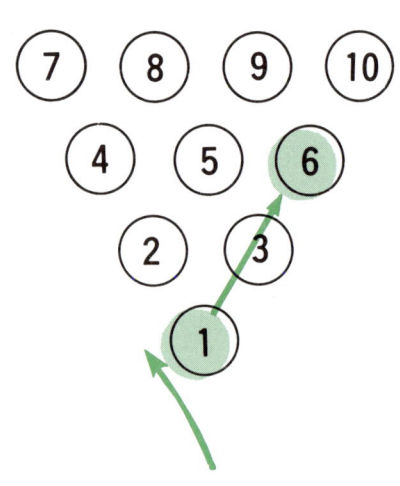

❶❻의 스페어

- 베이비 스플리트으로 일컫는 핀의 남음이다.
- 얼핏 보기에 어려울 것 같지만 ②-⑦사이에 볼을 지나가게 하면 쉽게 스페어를 잡을 수가 있게 된다.
- ②번 오른쪽에 대고 핀을 튕길 것 같다는 생각을 하지 말도록 한다.

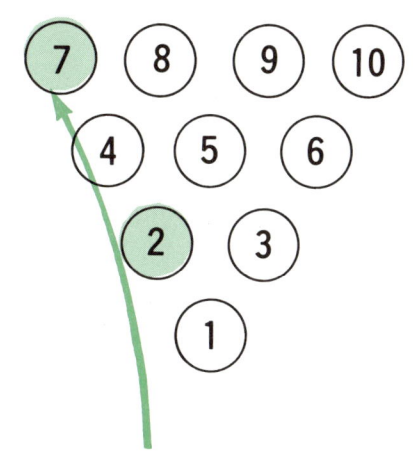

❷❼ 의 스페어

- 위의 그림과 같은 베이비 스플리트이다.
- ⑩번 핀 코스를 아주 조금만 비켜 놓아 ③번의 우측에 볼을 컨트롤한다.
- 익숙해지면 쉽게 스페어를 잡을 수가 있다.

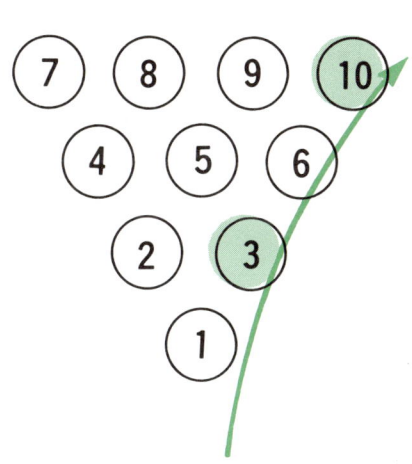

❸❿ 의 스페어

- ②-⑧의 인 더 다크에 헤드 핀이 남아 있을 경우에는 쉽게 스페어를 잡을 수가 있다.
- 단순히 ①-②의 사이에 볼을 넣어주면 된다.
- 브룩클린 코스의 응용이다.

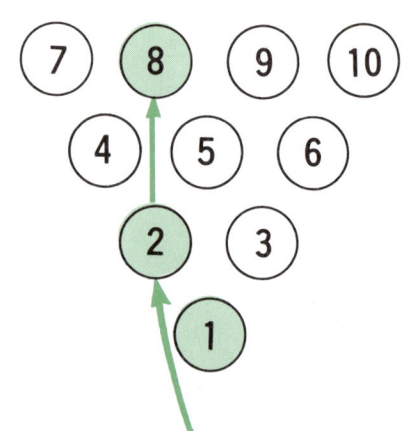

❶❷❽의 스페어

- 위의 그림과 똑같이 ①-③의 사이에 포켓 히트시키면 ⑨번 핀은 쓰러진다.

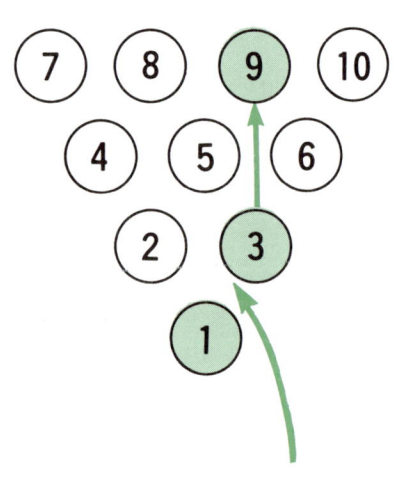

❶❸❾의 스페어

- 잘 휘어지고 힘이 있는 훅 볼이 유효하다.
- ②번 핀의 우측에 맞고 다시 튀어와도 더욱 침범해 가는 훅 볼을 던질 수 있는 사람이면 스페어를 잡을 수가 있다.

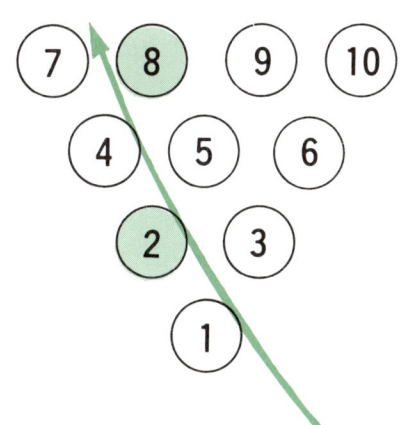

❷❽의 스페어

- 이것도 똑같이 볼로 ⑨번 핀을 쓰러뜨리지 않으면 안 된다.
- 훅 볼의 위력을 유효하게 사용하자.

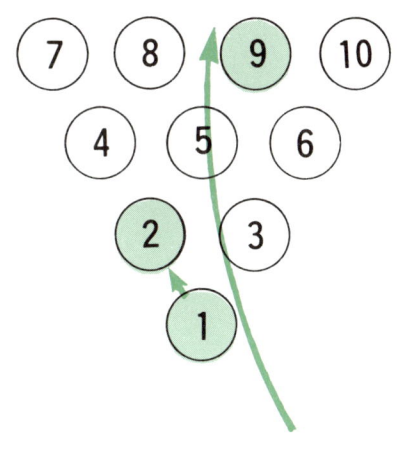

❶❷❾의 스페어

- 살짝 스치게 하여 잡지 않으면 안 되는 까다로운 스플리트이지만, 컨트롤이 좋으면 잡을 수가 있다.
- 그러나 자신이 없는 사람은 하나만을 확실히 잡을 수 있도록 하자.

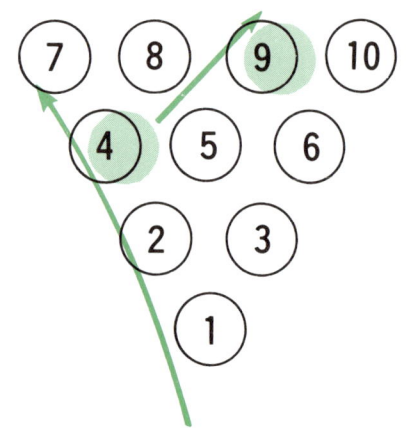

④⑨의 스페어

- 이것도 전적으로 똑같다.
- ④-⑨의 스플리트보다는 레인을 넓게 사용하기 때문에 약간 잡기 힘들다.

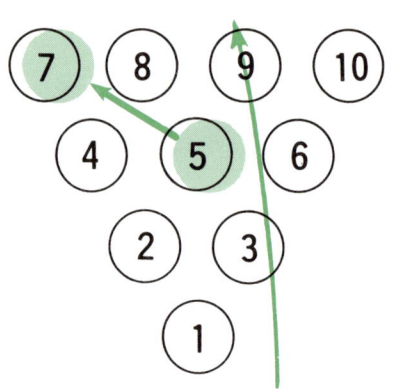

⑤⑦의 스페어

- 최대한 얇게 깎아서 ⑥번 핀을 히트시키지 않으면 안 된다. 거의 "운에 맡기는" 스플리트이다.
- ⑥번만을 확실히 잡는 것도 한 가지 계책이다.

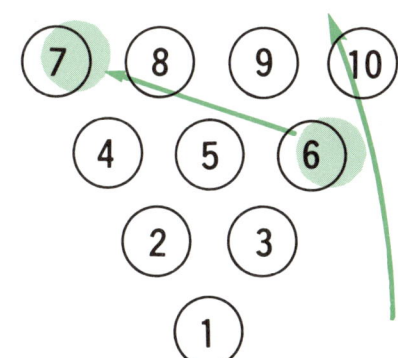

❻❼의 스페어

- ④-⑦을 잡는 것을 중시하는 쪽이 낫다.
- 잘되면 ⑨번 핀도 쓰러지게 된다.

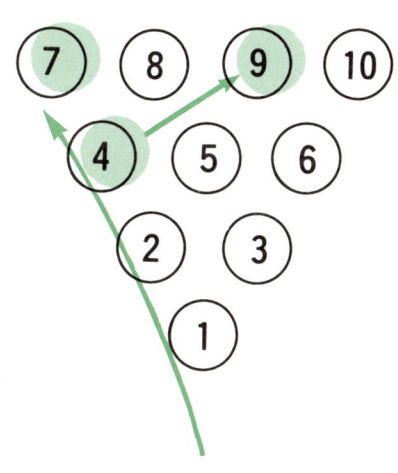

❹❼❾의 스페어

- 컨트롤이 전부이다.
- 정확히 한복판을 지나가게 하지 않으면 하나 남음이 되고 만다.
- 도전하는 마음으로 하기 바란다.

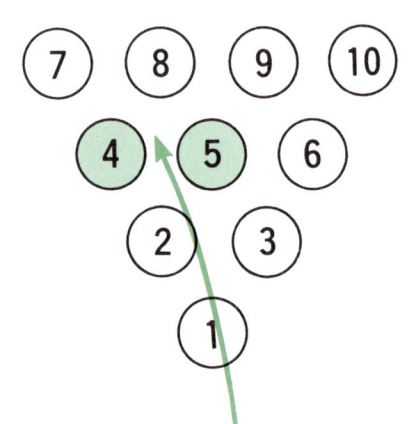

❹❺의 스페어

- 위와 똑같이 훅 앵글 등을 생각하지 않고 볼의 한복판을 지나가게 하는 것에만 집중하자.
- 실패해도 하나는 잡을 수가 있다.

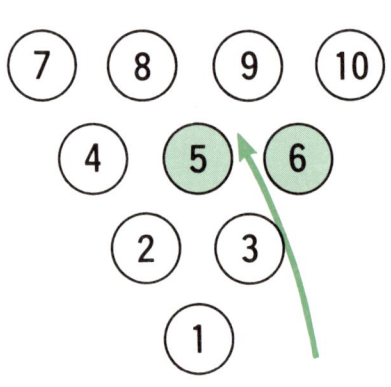

❺❻의 스페어

- 앞의 응용인데 만약 하나를 잡지 못해도 된다고 생각한다면 ④-⑦에 집중한다.

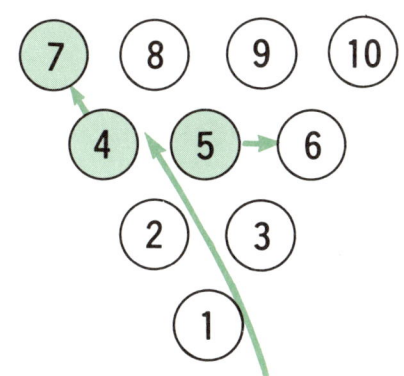

④⑤⑦의 스페어

- ⑥-⑩의 남음이 싫다면 ⑩핀 코스로 ⑥-⑩을 잡자.

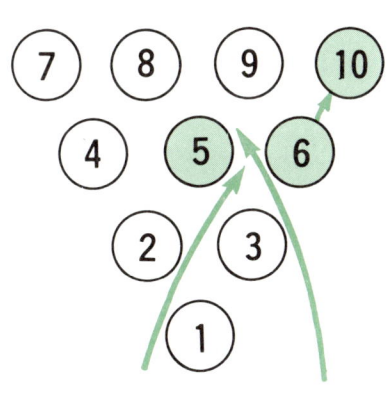

⑤⑥⑩의 스페어

- 키 핀의 ⑥번 핀 왼쪽에 약간 두터울 듯하게 볼을 넣어 주자.
- ⑨번 핀을 볼로 잡자.

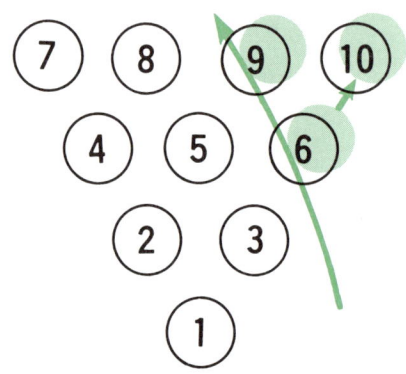

❻❾❿의 스페어

- ③-⑥의 포켓을 겨눈다.
- 훅의 힘이 강하면 그대로 ⑨번 핀도 볼이 히트한다.

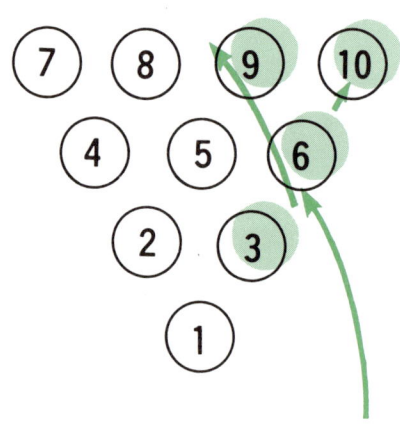

❸❻❾❿의 스페어

- 스트라이크 포켓 겨냥으로 잡을 수 있지만 불안하면 ③-⑥의 포켓 겨냥이라도 된다.
- ⑩번 핀 남음에 주의한다.

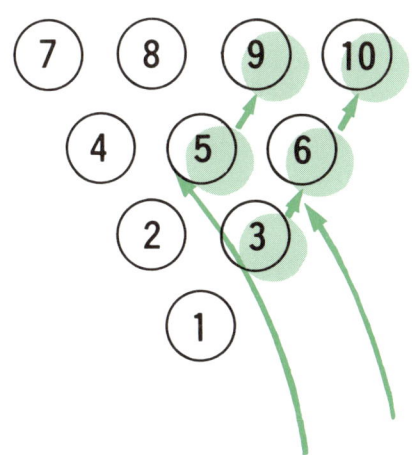

❸❺❻❾❿의 스페어

- ④번 핀은 버리고 ⑥-⑩만을 잡는 일에 집중한 쪽이 낫다.
- 도전하고 싶은 사람은 약간 스트레이트 기미로 ④번 핀을 살짝 스치게 한다.

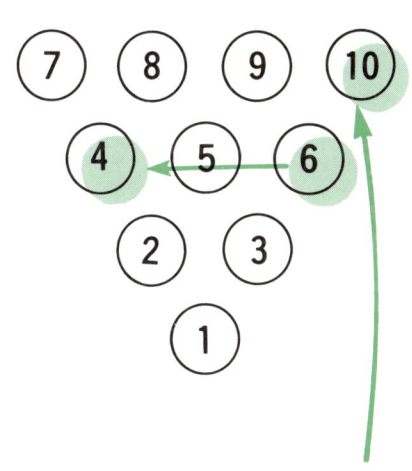

❹❻❿의 스페어

STEP 5 실전 테크닉 139

- ①-②의 포켓을 겨누는 느낌으로 한다.
- ⑩번 핀은 단념해도 된다.

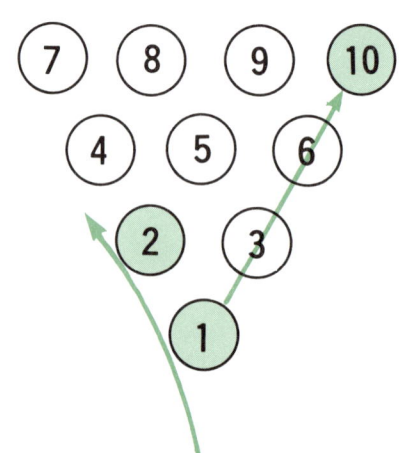

❶❷❿의 스페어

- ⑥-⑩의 포켓을 ⑩번 핀 코스를 써서 히트시킨다.
- 똑같이 ⑦번 핀은 버려도 된다.

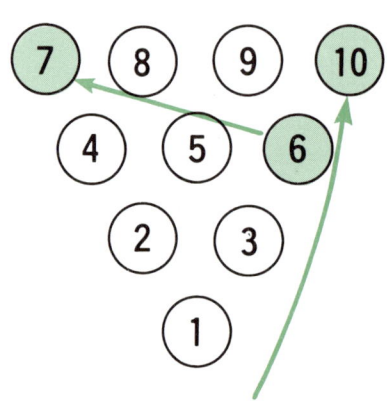

❻❼❿의 스페어

- ④번 핀 왼쪽을 살짝 스쳐서 ⑩번 핀까지 튕긴다.
- 불가능하지는 않으나 회전력이 세지 않으면 ⑩번 핀까지 튕기지 않는다.

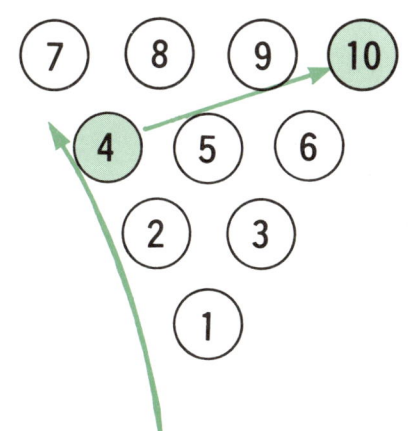

④⑩의 스페어

- 거의 불가능하기 때문에 어느 쪽이건 두 개만을 잡도록 유념하는 쪽이 낫다.

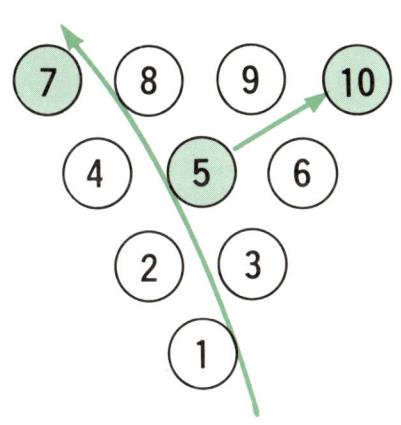

⑤⑦⑩의 스페어

- 이것을 잡을 수 있는 것은 신기에 가까운 솜씨거나 전적으로 요행이다.
- 하나만을 확실히 잡자.

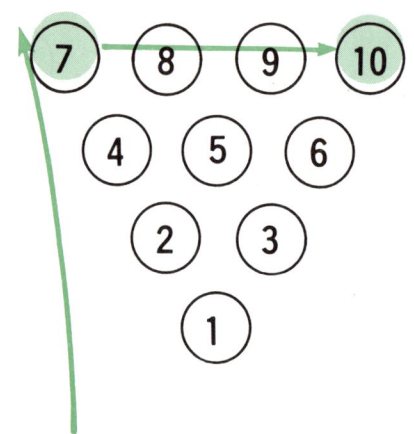

❼❿의 스페어

- 프로라도 거의 잡을 수가 없다.
- 운에 맡기는 것보다 하나를 소중히 한다.

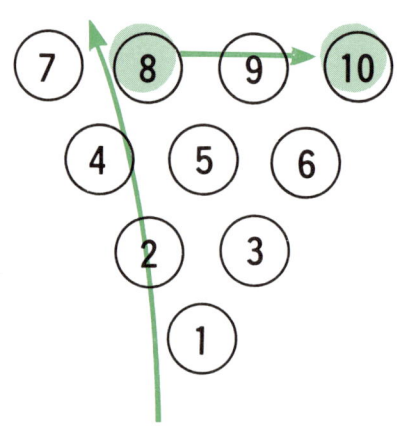

❽❿의 스페어

- 두 개에만 집중한다.
- 빅 포를 잡을 수 있는 것은 기적에 가깝다고 할 수 있다.

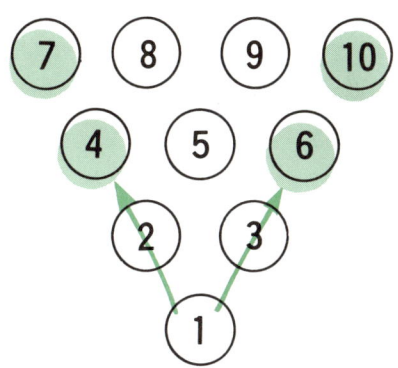

④⑥⑦⑩의 스페어

- 스플리트라도 바로 앞에 또 하나 키 핀이 있을 경우에는 도전해 보고 싶다.
- ②번 핀에는 되도록 엷게 댄다.

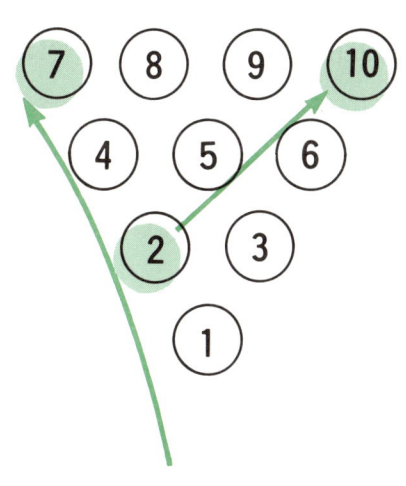

②⑦⑩의 스페어

● 볼링의 역사

4. 볼의 진화(I)

옛날에 볼링 볼은 지금과 비교하면 아주 작고 게다가 나무로 만든 것이었다. 그러나 게임의 규격이 차츰 통일되고 핀의 배열이 정삼각형에 12인치마다 늘어놓을 수 있게 되자 볼의 사이즈가 커지기 시작했다. 그 까닭은 핀의 간격이 너무 벌어져 있기 때문에 거의 스트라이크를 낼 수 없게 되었기 때문이다.

그렇다면 볼은 크게 하면 될 것이라고 생각에서 볼을 더 크게 해 간 것인데 여기서 문제가 생기게 되었다. 축구의 공과 달라 속에 공기가 들어차 있는 것이 아니기 때문에 볼이 몹시 무거워지게 된 것이다. 그때까지는 손바닥으로 떠내듯이 던지고 있었던 것인데 그것이 불가능해졌다.

그래서 볼을 그립하기 위해 손가락을 넣는 구멍을 뚫기 시작했다. 언제, 누가 손가락 구멍을 뚫었는지에 대해서는 기록에 남아 있지 않다.

1895년에 설립된 ABC(아메리카 볼링 협회)에 의해 볼의 크기는 둘레 27인치 이하로 정해지고 현재까지 바뀌지지 않고 있다.

그러나 그 당시는 손가락 구멍이라고 해도 엄지와 중지의 두 구멍뿐이었다. 그러다가 금세기에 들어와서 1905년에 볼은 획기적인 진화를 이루게 되었다. 나무로 만든(아이언 우드 사용) 볼을 대신해서 뉴욕의 「아메리칸 라버 컴퍼니」가 경화(硬化) 고무로 만든 볼을 개발해 제작을 시작했다. 브란즈 밋워가 '미네라이트'를 판매해 1960년까지의 경화 고무 시대의 막이 열리게 되었다.

STEP 6
최종 체크

- 투구 폼의 체크
- 증례별 결점 체크

1. 투구 폼의 체크

어느 정도까지 자기 투구 폼이 굳어지게 되면 좀처럼 고쳐지지 않는 법이다. 또 좀 변칙적인 투구법이라도 그것이 모두 나쁜 것은 아니다.

프로 중에 변칙 투구법으로 하이 애버리지를 내고 있는 사람도 많다.

그렇지만 어쩐지 볼의 컨트롤이 좋지 않다든지, 혹이 크게 흐트러지는 사람은 한 번 더 폼을 체크해 보면 뜻밖의 결점이 발견되는 경우가 있다.

그런 경우에는 역시 올바른 폼으로 바꾸는 쪽이 앞으로 유리하다. 물론 한 번 몸에 밴 폼을 고치는 것이기 때문에 상당한 노력이 필요하며 처음부터 다시 시작할 결의가 필요하다. 스코어도 떨어질 것이고 한동안은 슬럼프가 계속되는 것을 각오하기 바란다.

또, 폼을 개량하자면 자기만의 힘이 아니라 우수한 코치의 도움을 필요로 한다. 반드시 자기식이 아닌 올바른 어드바이스를 받아서 개량하도록 해주기 바란다.

스탠스 어드레스

①극단으로 팔꿈치나 등을 굽히고 있지 않은가?

크라우칭 스타일이라고 하는데 겨냥을 하는 나머지, 극단으로 팔꿈치나 등을 굽히는 사람이 있다.

이 스타일이면 몸의 무게 중심이 앞으로 더 가게 되고 앞으로만 무게 중심이 나아가기 때문에 지나치게 어프로치가 빨라지고 만다.

크라우칭 스타일에서 다시 몸을 일으켜서 어드레스에 들어가는 사람도 있지만 이것도 무엇 때문에 팔꿈치나 등을 굽혔는지 전혀 의미가 없다. 처음부터 몸을 굽히지 말고 천천히 어드레스에 들어가면 된다.

②볼을 오른쪽 가까이에서 겨누고 있는가?

절대로 몸의 오른쪽 가까이에서 겨누고 있어야만 되는 것은 아니지만 현재는 잘 쓰이는 팔 쪽에 볼을 겨누는 폼이 다음 동작에 들어가기 쉽다는 것이 상식으로 되어 있다.

그 까닭은, 몸의 중앙 부분에서 볼로 겨누게 되면 다음에 푸시 어웨이할 때 오른쪽 방향으로 밀어내지 않으면 안 되기 때문이다.

부자연스런 힘이 들어 있지 않은 무리없는 폼

또, 중앙으로 밀어내게 되면 다음의 다운 스윙에서 크게 바깥 쪽으로 스윙이 불룩해지게 될 위험성이 있다.

③볼을 겨누는 높이는 맞는가?

이 책에서는 초심자에게는 웨이스트 위치에서 겨누도록 지시했다. 그것은 다음의 푸시 어웨이 때에 원활하게 볼을 밀어내기 쉬운 높이이기 때문이다.

중급자 이상이 되면 차츰 볼을 높은 위치에서 겨누는 경향이 있는 듯하다. 이것은 볼의 무게를 최대한 이용하여 볼에 힘을 주려고 하기 때문이다. 그러나 너무 높은 위치에서 볼을 겨누면 진자 운동은 커지지만 궤도에 이상이 생기기 쉽다. 또 스텝에도 변화가 생기게 된다.

반대로, 너무 낮은 위치에서 겨누면 푸시 어웨이는 원활하게 되지만 폼이 작아지고 볼의 힘이 작아 버린다.

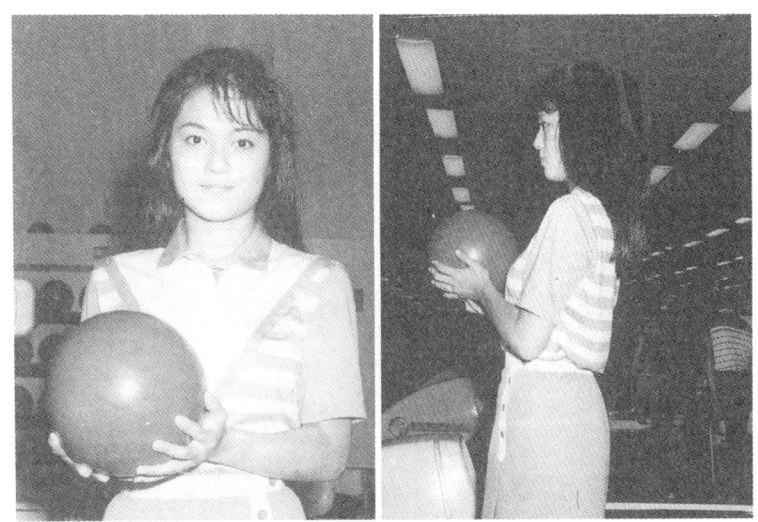

볼의 위치는 오른쪽 가까이, 몸에 가깝게

새끼손가락끼리 닿을까 말까한 정도가 최상

무리없이, 게다가 원활하게 푸시 어웨이할 수 있는 높이를 다시 한 번 확인하기 바란다.

④ 왼손은 착실히 볼을 받치고 있는가?

어드레스에서는 왼손이 중요한 역할을 해내고 있다. 무거운 볼을 왼손으로 받쳐줌으로써 오른손에 얹힌 무게를 분산시켜 주는 것이다. 기본적으로는, 볼을 든 오른손의 새끼손가락과 왼손의 새끼손가락이 희미하게 닿을까 말까 한 정도로 받치는 것이 편한 방법이다.

또 어드레스 때에는 엄지를 비롯해 구멍에 넣은 손가락이 스윙 때와 같은 위치 관계가 아니면 안 된다. 그렇지 않으면 푸시 어웨이에서 오른쪽 손목을 비틀게 되어 스윙의 궤도를 빗나가게 하고 만다.

⑤ 볼은 몸에 가깝게 겨누고 있는가?

이것은, 이제는 절대로 몸에서 너무 떨어진 위치에서 볼을 겨누어서는 안 된다는 것이다.

몸으로부터 떨어져서 겨눈다는 것은 팔이 앞으로 그 분만큼 뻗쳐 있다는 것이다. 즉, 이미 푸시 어웨이의 도중까지 끝내 버리고 있게 된다. 스윙과 스텝이 흐트러지는 원인이 되고 만다. 게다가 볼은 상당히 무겁기 때문에 팔 전체에도 부담이 세게 얹히고 만다.

팔힘이 남아돌아 힘과 속도만을 믿고 던져넣는 볼러 이외는 반드시 몸 가까이에서 볼을 어드레스하자.

푸시 어웨이

투구 폼을 해설했을 때, 푸시 어웨이에서 다음의 폼이 모두 정해진다고 설명했다. 이것은 푸시 어웨이가 구체적으로 처음에 움직이기 시작하는 바로 첫 발의 동작이기 때문이다. 여기서 앞은 밀어낸 볼의 움직임에 따라 스텝을 나아가게 하는 것이기 때문에 도중에서 폼을 꼼꼼하게 수정하는 것은 어려워진다.

따라서, 폼을 수정하려고 한다면 이 푸시 어웨이를 먼저 변경하지 않으면 안 된다. 그러기 위해 체크하지 않으면 안 되는 포인트는 다음 항목이다.

①높이와 스텝은 피트해 있는가?

웨이스트 부분에서 볼을 어드레스하고 있었을 경우, 볼을 푸시 어웨이할 때는 비스듬하게 아래쪽이 된다고 설명했다. 이것은 볼의 무게에 거슬려서 무리하게 앞쪽으로 밀어내는 것이 아니라, 자연스럽게 앞으로 푸시하면 아무래도 볼의 무게로 비스듬한 아래쪽이 되고 말기 때문이다. 이것에 대해, 높은 위치에서 어드레스하는 사람이나 낮은 위치에서 어드레스해도 한 번 위쪽으로 볼을 들어올리는 것처럼 푸시하는 사람의 푸시 어웨이는 아주 높은 위치가 되고 만다. 큰 푸시 어웨이일 경우에 문제가 되는 것은 스텝과의 타이밍, 그리고 리듬의 관계이다. 첫 발째의 스텝은 비교적 작은 스텝이 되지만 스텝과 동조하지 않고 폼이 흐트러지게 될 염려가 있다.

이것은 극단으로 푸시 어웨이가 너무 낮을 경우도 마찬가지이다. 스텝보다 팔의 움직임 쪽이 앞질러 가고 뒤에서 스텝이 따라가게 된다.

이러한 스텝과 푸시 어웨이가 일치해 있지 않을 경우의 수정 방법은 두 가지의 방법을 생각할 수 있다. 하나는 푸시 어웨이의 높이를 바꾸는 방법이고 또 하나는 스텝의 나비나 속도를 푸시 어웨이에 맞추는 방법이다.

푸시 어웨이의 높이가 얼굴 위치와 똑같을 정도까지 높은 사람에게는, 높이를 바꾸는 방법을 권한다. 어드레스의 위치는 바꾸지 않고 볼을 비스듬히 아래로 푸시 어웨이해 준다. 팔에 필요 이상으로 힘을 줄 필요는 없다. 오른손과 왼손으로 볼을 받치면서 무리없이 밀어내면 자연히 위치는 낮아지게 된다.

푸시 어웨이가 낮은 사람은 여성에게 많이 보는 것인데 이런 경우에는 푸시 어웨이를 스텝에 맞추도록 한다. 볼의 움직임에 스텝을 맞추는 것이 이상적이지만 첫 발째이기 때문에 우선 스텝과의 피트를 유념해 주기 바란다.

②좌우로 흔들리고 있지 않은가?

높이하고는 따로, 푸시 어웨이에서의 좌우 흔들림도 체크하자.

일반적으로는, 오른쪽에 푸시 어웨이하면 볼은 백 스윙에서는 등 쪽으로 들어가고 만다. 당연히 포워드 스윙에서는 우측 바깥 쪽으로 볼이 나가 버린다. 이것을 "인사이드 아웃"이라고 하지만, 극단적인 인사이드 아웃은 수정하는 쪽이 좋다.

반대로, 좌측으로 푸시 어웨이하면 볼은 다운 스윙에서 몸의 바깥 쪽으로 불룩해져 가서, 다시 안쪽으로 되돌아 온다. 이것을 "아웃사이드 인"이라고 한다. 이런 경향의 사람은 릴리즈 전에 왼발 복사뼈에 볼을 부딪치게 되는 경우가 많은 것 같다. 어느 쪽이냐 하면, 아웃사이드 인 쪽이 좋지 않은 폼이라고 할 수 있기 때문에 수정하자.

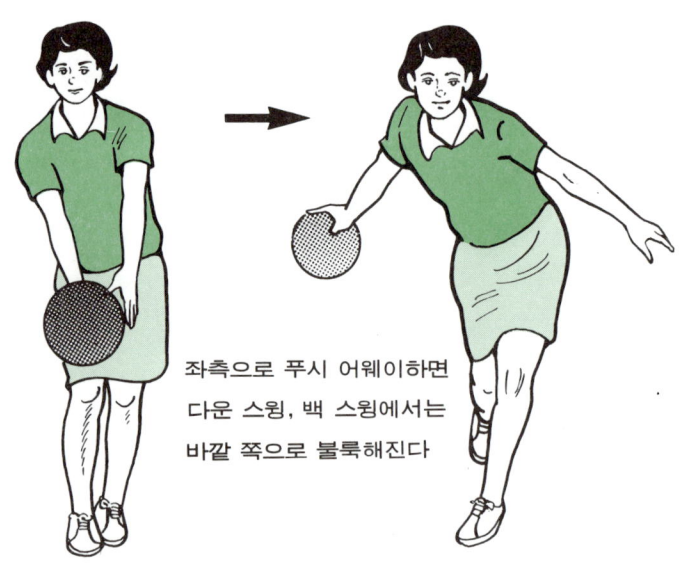

좌측으로 푸시 어웨이하면 다운 스윙, 백 스윙에서는 바깥 쪽으로 불룩해진다

③왼손은 끝까지 볼을 받치고 있는가?

왼손은 한도까지 볼을 받치고 있어야 한다. 왼손의 역할은 올바른 푸시 어웨이의 포인트까지 볼을 가져가는 것이다.

그러기 위해서 오른팔은 완전히 다 뻗기 직전까지 볼을 받치고 있어야 한다. 오른팔이 다 뻗으면 올바르게 푸시 어웨이하고 있는 한 왼손은 볼에서 떠날 것이다. 또, 이 사이에 조금씩 볼의 무게를 오른팔 쪽으로 옮겨 가는 작업도 필요하다.

어드레스 때, 왼손이 앞면을 덮는 것처럼 볼을 받치고 있으면 왼손이 푸시 어웨이를 방해하는 결과가 되고 만다. 반대로, 왼손이 오른손과 너무 떨어져 있어도 푸시 어웨이 때에 왼손이 일찍 볼에서 떠나고 만다. 어쨌든 좋지 않으므로 체크하기 바란다.

왼손이 볼의 앞면을 덮는다

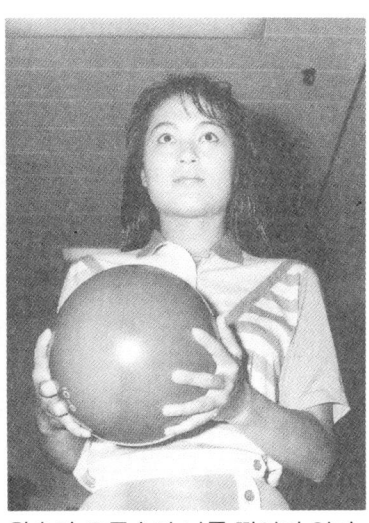
왼손과 오른손이 너무 떨어져 있다

다운 스윙

다운 스윙은 볼의 무거운 힘을 이용해서 진자 운동을 시작하기 때문에 팔의 힘을 쓸 필요는 없다. 올바른 방향으로 푸시하고 어웨이 해주면 된다.

다운 스윙에서 주의하지 않으면 안 되는 것은 스텝의 방향이다.
비스듬하게 가고 있지 않은가?
어프로치는 타깃을 향해 곧장 걷는 것이 올바르지만 의외로 구부러진 어프로치를 하고 있는 사람이 많은 법이다.

이것은 한 걸음째보다 두 걸음째의 다운 스윙 때에 일어나기가 쉽다. 이것은 볼이 몸의 옆을 통과할 때에 몸에 부딪치는 것을 피하려고 몸을 비틀어 버리기 때문이다. 다소는 무방하지만, 극단적인 비틀기는 비스듬하게 가는 원인이 된다. 주의해 주기 바란다.

백 스윙

백 스윙은 진자 운동의 반환점이 되지만 그 높낮이는 별로 걱정할 필요가 없다. 정확한 궤도 위를 나아가고 있는 한 컨트롤할 수 있기 때문이다. 단, 이상하게 높을 경우는 손목이 젖혀 있거나, 궤도를 벗어나 있느냐의 어느 쪽이기 때문에 수정하기 바란다. 이 스윙에서의 체크 포인트는 궤도와 손목이 젖혀 있지 않느냐의 점이다.

①올바른 궤도를 나아가고 있는가?
백 스윙이 등 쪽으로 들어가 버리는 것은 푸시 어웨이의 시점에서 바깥 쪽으로 밀어내 버렸다는 것이 대부분이다.

그것과 또 하나 생각되는 것은 백 스윙의 정점 가까이에서 손목을 안쪽으로 접어 버렸을 경우에도 등으로 볼이 들어가 버린다. 볼은 반드시 손이 바로 위에서부터 뒤덮이는 느낌으로 스윙하도록 유념해 주기 바란다. 손목을 젖히는 버릇이 있는 사람은 시판하는 리스트 밴드를 사용해 보는 것도 좋은 방법이다.

등으로 볼이 들어가는 것과는 반대로 볼이 바깥 쪽으로 흘러서 팔과 겨드랑이가 크게 열리게 되는 사람도 있다.

이런 경우에도 푸시 어웨이의 방향이 몸의 안쪽으로 들어가 버리고 그 결과로 바깥 쪽에 볼이 가버리는 경우가 대부분이다. 이것은 컨트롤 미스의 원인이 되기 때문에 꼭 수정하도록 하기 바란다.

②어깨가 당겨져 있지 않은가?

백 스윙 때에 어깨를 크게 당기는 사람이 있다. 이것은 진자 운동의 중심이 되는 지렛목이 이동해 버리기 때문이다. 좋은 일이 아니다. 왼손으로 균형을 취하고 어깨가 뒤로 당겨지지 않도록 유념해 주기 바란다. 지렛목은 되도록 흔들리지 않는 것이 원칙이다.

등으로 볼이 들어간다

볼이 바깥 쪽으로 흐른다

릴리즈

최종 스텝에서는 진자 운동으로 되돌아온 볼을 목표를 향해 정확히 릴리즈하지 않으면 안 된다. 그러기 위해서는 몇 가지의 체크 포인트가 있다.

①슬라이드는 충분히 하고 있는가?

가는 길의 진자 운동과 비교하면 돌아오는 길의 진자 운동은 한 걸음으로 끝내야만 한다. 당연히 스텝도 커지게 되지만 중요한 것은 그것에서 발을 슬라이드(미끄러뜨린다)시켜 주어야만 한다는 점이다.

슬라이드시킴으로써 쇼크를 완화시키는 것과 동시에, 볼을 정확히 내보내 줄 수가 있는 것이다. 슬라이드가 불충분하면 갑자기 쇼크가 발에 얹히기 때문에 발끝이 옆을 향하고 몸도 마찬가지로 옆쪽이 되고 만다. 극단적인 경우에는 스핀해 버리는 사람도 있다.

이것에는 두 가지의 원인을 생각할 수가 있다. 하나는, 어프로치의 어드레스 위치가 너무 가깝기 때문에 파울 라인을 넘어설 것 같아서 허둥대고 브레이크를 걸어 버리는 경우이다. 이것은 서는 위치를 조금만 뒤로 물러나게 하면 해결된다.

또 하나는, 슬라이드시키는 거리가 충분히 있는 데도 발이나 몸이 옆쪽을 향해 버리는 경우로, 이것은 몸이 파울 라인까지 와 있는 데도 스윙이 극단으로 늦어져서 몸이 기다리지 못하고 옆쪽을 향해 버리는 것이다.

스텝과 스윙의 균형을 체크할 필요가 있다.

또 하나 잊으면 안 되는 것은 정상적인 슬라이드를 했을 경우, 볼의 릴리즈는 슬라이드 끝냄보다 약간 뒤져서 릴리즈된다는 점이다. 이것은 앞의 백 스윙에서 고작 한 호흡 정도인데 볼을 미루고 있기 때문이다.

힘을 충분히 모아서 내보내 주는 것으로 회전력과 파괴력을 높여 준다.

② 오른쪽 어깨가 너무 내려가 있지 않은가?

무거운 볼을 쥐고 릴리즈하는 것이기 때문에 약간은 오른쪽 어깨가 내려가는 것은 하는 수 없다. 그러나 너무 지나치게 내려가면 볼이 일찍 레인에 닿고 말아서 스코트 실수의 원인이 되어 버린다. 또 볼의 회전력도 약화되고 만다.

이것은 푸시 어웨이 때에 밀어내기가 완전치 않기 때문에 억지로 자기 힘으로 다운 스윙했기 때문에 일어날 경우가 많다. 원활하게 릴리즈하기 위해서도 오른쪽 어깨를 너무 떨구지 않도록 유념하기 바란다.

③ 가슴을 펴고 릴리즈하고 있는가?

이것은 아무것도 아닌 것 같지만 볼의 속도를 살리기 위해 필요한 일이다. 몸을 접어서 투구하면 볼에 힘이 생겨나지 않는다. 가슴을 펴고 상체를 일으키는 것 같은 기분으로 릴리즈하기 바란다.

오른쪽 어깨가 내려가 있으면

④엄지를 빼는 것은 중요 체크 포인트

볼이 최하점에 다가감에 따라 우선 엄지가 빠지기 시작하고 볼의 무게 힘은 중지와 약지로 옮겨오게 된다. 볼에 회전을 주는 것은 중지와 약지이다.

그래서 중요해지는 것이 "엄지를 빼는 방식"이다. 엄지가 언제까지나 빠지지 않으면 회전력이 줄고 자칫 쿵 하고 밑으로 볼이 떨어지는 로프트 볼이 되고 만다.

엄지를 잘 빼주기 위해서는 우선 손목이 젖혀 있지 않는 것이 중요하다. 손목이 뻗쳐 있으면 엄지는 빠질 것이다.

훅의 힘을 강화하기 위한 리프트 앤드 턴의 경우도 마찬가지이다. 이런 경우에는 턴은 진자 운동의 정점에서 최하점에 오기까지 끝내야만 한다. 거기에서 앞은 중지와 약지에 의한 리프트가 시작된다. 그때에 엄지가 11시에서 12시 사이 쯤을 가리키고 있었다면 엄지는 원활히 손가락 구멍에서 빠져 나간다. 따라서 릴리즈의 순간에 손목을 비트는 것은 전혀 의미가 없다. 손목의 비틀기로 훅 회전이 생겨나지는 않는 것이다.

훅 회전은 엄지가 빠지기 시작하고서의 나머지 중지와 약지의 리프트에 의해 주어지는 것이다.

⑤폴로 스루를 정확히 하고 있는가?

폴로 스루는 별로 의미가 없다고 생각하는 사람도 있을 테지만 정확히 폴로 스루를 하는 것을 권한다.

폴로 스루의 목적은 릴리즈를 더 확실히 하는 일이다. 볼을 릴리즈한 순간에 스윙이 멈춰 버린다고 하는 것은, 이미 릴리즈 중에서 브레이크가 작용하고 있었다는 것이 되기 때문이다.

원활히 릴리즈하고 있으면, 오른손은 자연히 위쪽으로 올라오게 될 것이다.

즉 그만큼 볼의 회전이나 스피드를 끝까지 높이려고 하는 증거이기도 하다.

폴로 스루는 정확히

특히 초심자는 어떤 경우에도 폴로 스루까지 소중히 하도록 유념하기 바란다. 그렇기는 해도 오버 액션이 될 필요는 없다.
"목표와 악수하도록" 원활하고 무리없는 폴로 스루가 이상적이다.

테니스 같은 폴로 스루

2. 증례별(症例別) 결점 체크

볼링에서는 각각의 여러 가지 버릇 때문에 스코어가 늘어나지 않는 경우가 있다.

그래서 비교적 많이 보는 경우를 증례별로 어디가 잘못되어 있는지 설명해 보자.

드롭핑 볼이 많다

드롭핑 볼은 로프트 볼과 혼동하기 쉽지만 전혀 다르다. 로프트 볼은 파울 라인 앞에 쿵 하고 볼을 내던지는 것이다. 한쪽의 드롭핑 볼은 자기가 정한 릴리즈 포인트(파울 라인 바로 앞)보다 멀리 앞쪽에서 볼을 릴리즈해 버리고 그 결과로서 볼의 착상 위치가 상당히 앞쪽이 되어 버린다. 착상 위치는 파울 라인의 앞쪽이 많아지게 된다.

어느 쪽이든 릴리즈 실수이며 볼링장에서 싫어하는 릴리즈는 똑같다. 게다가 드롭핑 볼을 계속 던지고 있으면 엄지를 상하게 하고 스코어도 늘어나지 않는다.

어째서 이같은 증상이 나오는가 하면 우선 볼 자체에 원인을 생각할 수 있다. 볼의 무게가 너무 무겁거나 볼의 구멍 위치 등이 피트해 있지 않거나 하는 것 등을 생각할 수 있다.

하우스 볼의 경우에는 손가락 구멍이 헐겁게 만들어져 있기 때문에 되도록 착실히 그립할 수 있는 볼을 택하도록 하기 바란다. 또 볼의 무게를 하나 더 밑의 랭크로 바꾸어보는 것도 좋은 것이다.

다음으로 생각할 수 있는 것은 폼에 기인하고 있는 경우이다. 손목이 뒤로 젖혀 있으면 볼이 쑥 빠지기 쉬워진다.

억지로 앞쪽에 리프트할 필요는 없지만 확실히 리프트하도록 유념하기 바란다.

폼에서는 이 밖에도 극단으로 백 스윙이 너무 높아져 있지 않은가, 정확히 슬라이드하고 있는가, 스피드를 내려고 하는 나머지 릴리즈가 너무 빨라지고 있지 않은가를 체크하기 바란다.

대체로 원인은 위와 같은 것 속에 있을 것이다. 볼의 그립 문제는 하우스 볼을 교환하든지, 마이 볼이면 드릴러에게 의논하면 해결할 수 있다. 폼에 결점이 있었을 경우에는 그 부분을 수정하기 바란다. 특히 손목의 리스트가 굽혀지는 것은 수정해 놓지 않으면 안 된다. 드롭핑 볼이나 로프트 볼도 서투른 기술의 증명이니까 말이다.

● 드롭핑 볼의 원인

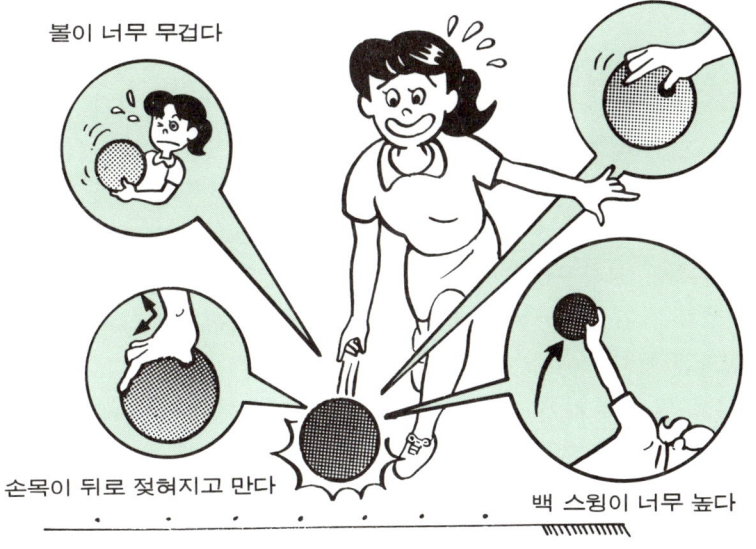

브룩클린 스트라이크가 많다

뒤쪽의 스트라이크 코스를 일컫는 이른바 브룩클린 스트라이크는 상급자나 프로는 기피한다. 그 까닭은, 이것은 포켓을 노렸는 데도 너무 휘어져서 가끔 ①번 핀의 좌측에 들어가 ①번과 ②번의 포켓 쪽으로 가버리기 때문이다.

즉 미스 코스를 한 것이기 때문에 비록 스트라이크라도 별로 잘 한 스트라이크가 아닌 것이다.

또, 힘이 비교적 약한 여성이나 초심자에게 이런 브룩클린 스트라이크를 내는 경우가 많은 것 같다.

원리적으로는 포켓 스트라이크와 마찬가지로 스트라이크가 되는 데도 왜 프로나 상급자가 이 코스를 노리지 않느냐 하면, 의식적으로 노려도 스트라이크가 되는 조건이 아주 적고 어렵기 때문이다.

우선, 너무 힘이 있으면 볼 속에 깊이 패어 들어가고 만다. 왼쪽 사이드의 핀 전부를 잘 히트시키고 히트한 핀이 제대로 뒤로 튕겨서 다른 핀을 쓰러뜨리지 않으면 안 된다.

즉, 몇 가지의 행운이 겹치지 않으면 놓치기는 해도 좀처럼 스트라이크는 잡지 못한다. 브룩클린 코스는 스트라이크를 잡기 위한 코스가 아니고 첫 번째 투구에서 남은 핀을 쓰러뜨리기 위한 (①②⑤⑧ 핀을 쓰러뜨린다) 코스로 생각해 주기 바란다.

왜 브룩클린이냐 하면 뉴욕 시에서는 이스트 리버를 끼고 맨하탄이 우측에, 브룩클린이 좌측에 있는 데서 그렇게 부르고 있다.

그렇지만 초심자는 게임에서 브룩클린 스트라이크를 내도 슬퍼할 필요는 없다.

왜냐하면 스트라이크에는 틀림이 없기 때문이다. 다음에 던질 때에 또 한 번 체크하면 된다.

체크하는 것은 우선 어드레스의 위치이다. 3·1·2 이론에서 오른쪽으로 엇걸 몇 장을 이동해서 던져보자.

훅이 약해 힘없는 커브 볼을 던지는 사람의 경우도 브룩클린에 볼이 들어가기 쉬워진다.
이런 경우에는 또 한 번 리프트 앤드 턴에 의한 훅 볼의 연습을 다시 하는 것을 권한다.
또 무의식중에 손목을 릴리즈할 때 시계 돌기로 비트는 버릇이 있는 사람도 브룩클린 코스로 가기 쉬워진다. 의도적으로 던질 경우를 제외하더라도 좋은 투구법은 아니다.
그것과 또 하나 중요한 것은 스포트 미스이다. 눈으로 스포트를 목표로 삼는 것이지만 던지는 것은 팔이기 때문에 스포트 미스가 나오기 쉬운 것이다. "목표는 오른쪽 어깨에 맞춰서"라는 교훈이 있는데 최종 릴리즈 포인트 위에 릴리즈하도록 하면 미스는 생기기 어려워진다.

3·1·2 이론을 생각해 내고 엇결 몇 장을 이동해서 던져보자

⑦번 핀 ⑩번 핀을 잡지 못한다

이것은 우선 볼러가 자기 볼의 점과 선을 확립하지 않은 점이 최대의 원인이다.

또 하나의 요인은 거터하는 것은 아닐까 하는 압박이 강해서 무의식적으로 중앙 부분에 던지고 마는 경우이다. 이런 경우에는 크로스 레인 투구법을 사용하기 바란다. 레인의 끝에 핀이 서 있다고 생각하기 때문에 압박이 가해지는 것으로 오른쪽의 그림 같은 가상 레인(크로스 레인)을 머리에 그리고 투구하면 된다.

⑦, ⑩번 핀이 남은 것을 스페어하고 안 하는 건 큰 차이이다. 도전하기 바란다.

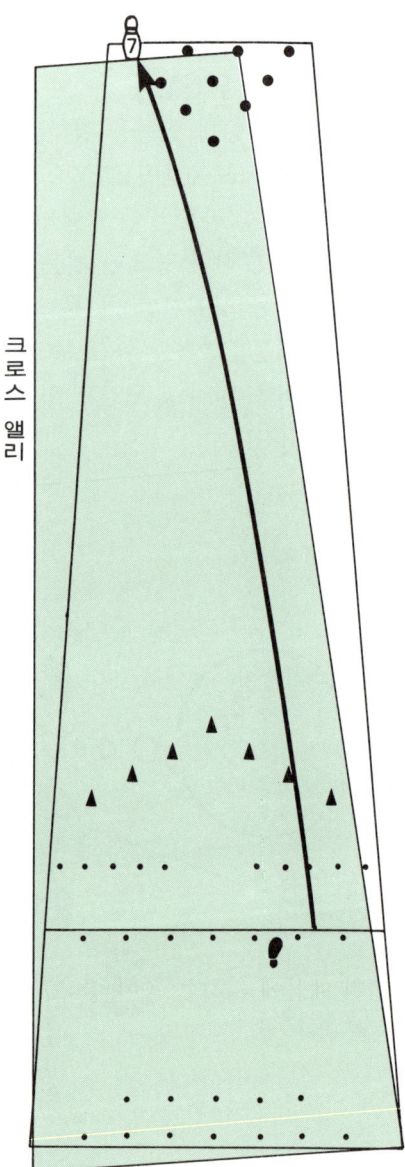

볼에 스피드가 없다

마치 슬로 모션을 보고 있는 것처럼 볼이 데굴데굴 굴러가는 것은, 던진 본인이 가장 한심스러운 법이다.

이것에는 여러 가지의 원인을 생각할 수 있는데, 그 중에서도 중요한 것은 그런 사람은 폼이 흐트러져서 진자 운동을 다 하지 않았다는 점이다.

볼링은 팔의 힘으로 던지는 것이 아니라고 여러 차례 되풀이해 말했지만 올바른 폼으로 흐르는 것처럼 투구하면 자연히 볼에 스피드가 얹히는 것이다.

물론, 머리로 그것은 알고 있어도 폼이 흐트러지게 되는 것이겠지만 그런 사람에게는 어프로치를 지금까지보다 빨리하는 것을 권한다.

어프로치를 너무 천천히 해서 볼의 진자 운동과 스텝이 일치하지 않고 불과 한 걸음, 또는 두 걸음의 도움닫기만의 운동으로 투구하는 사람이 많다.

그리고, 스텝마다의 타이밍을 몸으로 익히기 바란다. 푸시 어웨이, 다운 스윙, 백 스윙, 릴리즈로 리드미컬하게 이행해 가도록 연습한다.

이때, 잘못해도 팔의 힘으로 스피드를 내려고 해서는 안 된다. 포워드 스윙 때의 슬라이드가 충분하면 볼에는 훨씬 스피드가 붙는다. 충분히 슬라이드하고 약간 뒤져서 볼을 릴리즈하면 된다.

스피드를 내려고 높이 푸시 어웨이하거나 힘껏 백 스윙을 높게 하는 사람이 있는데, 이것은 반대로 폼을 흐트러지게 하는 원인이 되기 때문에 피하는 쪽이 좋다.

볼링은 타이밍의 스포츠이기도 하다. 어프로치의 타이밍이 맞기만 하면 볼에 스피드가 붙는 것이다.

네 걸음 도움닫기 리듬이 맞지 않는다

네 걸음 도움닫기 리듬과 균형이 잘 맞지 않는 사람은 다섯 걸음 도움닫기를 해보기 바란다.

네 걸음 도움닫기이면 한 걸음째에서 푸시 어웨이로 들어가야만 하기 때문에 심리적으로 조급하게 느끼는 법이다. 다섯 걸음 도움닫기이면 한 걸음 여유의 스텝을 보탤 수 있다.

원 투의 두 걸음째에서 푸시 어웨이하면 되기 때문에 타이밍을 잡기 쉬워진다. 프로에서 다섯 걸음 도움닫기가 많은 것은 그 때문이다. 네 걸음 도움닫기에 익숙한 사람에게는 처음의 한 걸음에서 아무것도 하지 않는 것에 당황해 할지도 모르지만, 도움닫기를 위한 도움닫기로 생각하고 원 투의 투에서 푸시 어웨이에 집중하자.

다섯 걸음 도움닫기라도 네 걸음닫기와 마찬가지로 오른발을 왼발보다 약간 당긴 모양으로 처음의 한 걸음을 내딛기 바란다.

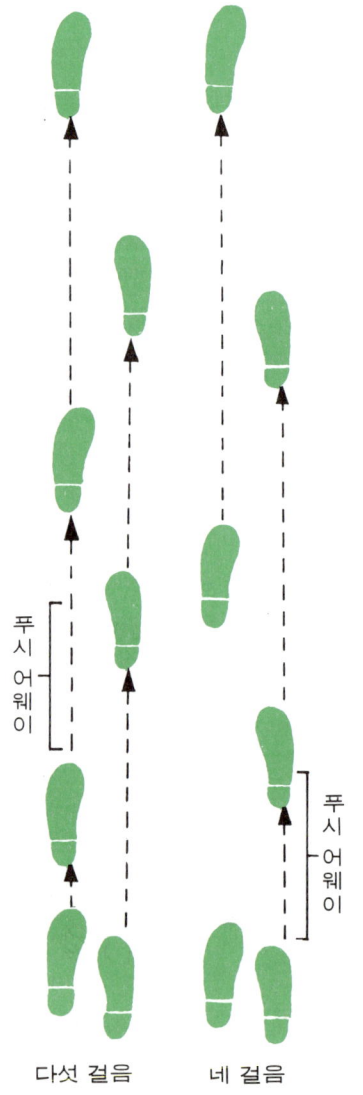

다섯 걸음 도움닫기   네 걸음 도움닫기

거터가 많다

한 마디로 말하면 모든 것에 있어서 서투른 것이지만, 초심자는 거터를 걱정말고 자꾸자꾸 던져넣어 폼을 굳히기 바란다.

어느 정도 폼이 굳혀지고 있는 데도 거터가 많은 사람의 특징은 다운 스윙에서 등에 볼을 짊어지거나, 반대로 바깥 쪽으로 크게 열려 있다는 것이다.

이것은 볼의 궤도를 크게 빗나가게 한다. 겨드랑이를 죄고 올바르게 오른쪽 앞 밑으로 푸시 어웨이해 주면 이같은 사이드 아밍 같은 건 생기지 않는다.

올바르게 앞쪽으로 릴리즈한 속셈이라도 사이드 아밍 같은 것에서 불과 1°의 각도가 틀려도 핀 위치에서는 30cm나 빗나가게 된다.

● 볼링의 역사
5. 볼의 진화(Ⅱ)

경화 고무 볼의 시대에 들어서서도 제1차 세계 대전까지는 두 구멍 시대가 계속되고 있었다. 그러다가 볼에 또 하나, 약지의 구멍이 추가되어 세 구멍 시대가 시작되었다. 이것도 두 구멍과 마찬가지로 누가 시작했는지 기록에 남아 있지는 않다. 다만 생각할 수 있는 것은 두 개의 손가락만으로 볼을 던지는 것은 힘이 세고 덩치 큰 사나이였다면 가능하지만 여성이나 별로 힘이 세지 않은 사람이면 던질 수 없다. 그래서 남녀 노소 누구나 즐길 수 있도록 세 구멍이 뚫려진 것이 아닐까? 사실, 세 구멍 이후 볼링은 미국에서도 인기 스포츠로 보급되었다.

세 구멍 시대가 되자 구멍을 뚫는 방법도 연구를 하게 되었다. 중지와 약지의 제2관절까지 넣는 컨벤셔널 그립 등, 현재도 쓰이고 있는 그립을 비롯해 여러 가지의 그립이 개발되었다.

1960년에는 그때까지의 경화 고무(에보나이트)뿐이었던 세계에 플라스틱 볼이 등장하게 되었다. 검은 색뿐이었던 볼에 색깔이 생긴 것이다. 결과적으로는 플라스틱 볼은 재질(材質)이 너무 딱딱해서 바로 사라졌지만 동시에 각 메이커는 볼의 연구에 박차를 가하기 시작했다.

부드러운 플라스틱 볼이나 우레탄으로 만든 볼 등 전적으로 새로운 재질의 볼이 차례차례로 개발되어 갔다. 현재도 주류는 에보나이트이지만 프로 볼러는 레인에 따라 몇 종류의 볼을 가지고 있다. 아직도 볼은 진화하고 있는 것이다.

부록
스코어를 매기는 법

- 스코어를 매기는 법
- 볼링 용어해설

1. 스코어를 매기는 법

스코어 마크

● 스트라이크

프레임의 첫 번째 던지기에서 열 개의 핀을 전부 쓰러뜨렸을 때의 마크이다. 득점은 10점, 보너스로써 다음의 두 번 던지기 분의 득점을 가산할 수가 있다.

● 스페어

프레임의 첫 번째 던지기에서 남은 핀을 두 번째 던지기에서 전부 쓰러뜨렸을 때의 마크이다. 득점은 10이지만, 다음의 한 번 던지기 분의 득점을 가산할 수 있다.

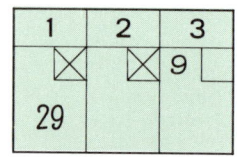
스트라이크

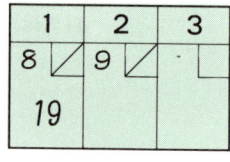
스페어

● 거터

첫 번째 던지기가 코스를 벗어나서 거터에 떨어지고 말았을 때의 마크이다. 득점은 0점이다. 두 번째 던지기를 거터했을 때는 G 마크가 아니라 미스 마크를 기입한다.

● 파울

발끝 등 신체의 일부가 파울 라인을 넘어서 투구했을 때는 파울이 된다. 첫 번째 던지기에서 파울을 했을 때는 이 파울 마크를 사용한다.

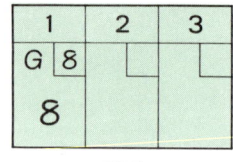
거터

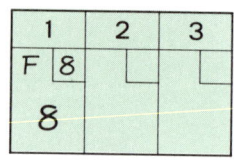
파울

● 미스

두 번째 던지기에서 한 개의 핀도 쓰러지지 않았을 경우에는 이 마크를 사용한다. 똑같이 두 번째 던지기에서 거터가 되었을 경우나 파울이 되었을 때에도 이 마크를 사용한다.

● 스플리트

첫 번째 던지기에서 남은 핀이 열 개 이상 있고, 게다가 볼이 동시에 히트할 수 없도록 떨어진 상태를 스플리트라고 한다. 기술적으로는 이 스플리트를 잡는 것은 대단히 어려운 테크닉을 필요로 한다.

스플리트가 나왔을 경우에는 매스 안에 ○표를 기입한다(헤드 핀이 남아 있을 경우에는 스플리트라고는 부르지 않으므로 주의하기 바란다).

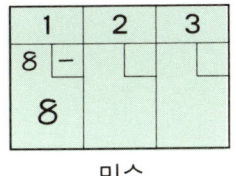
미스

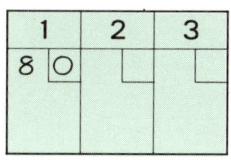
스플리트

스플리트 후, 두 번째 던지기에서 쓰러뜨린 핀의 수를 ○안에 기입한다. 전부 쓰러뜨리고 스페어가 되었을 때는 스페어 마크를, 미스를 해서 한 개도 쓰러뜨리지 못했을 때는 미스 마크를 마찬가지로 기입한다.

● 탭

공식 전에 사용되지 않지만 탭(한 개 남는 핀)의 마크도 흔히 쓰인다.

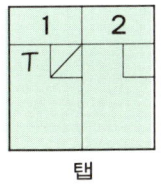
탭

(스플리트)

(스플리트)

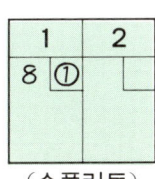
(스플리트)

스코어 계산법

1	2	3	4	5	6	7	8	9	10
6 3	8 ⊘	8 ①	5 2	G 7	3 6	F -	G 3	9 -	8 1
9	17	26	33	40	49	49	52	61	70

①스트라이크도 스페어도 없을 때는 단순 합계

　1프레임의 합계가 9점이고 2프레임의 합계가 8점일 때는 2프레임까지의 점수는 17점이 되고 합계 난에 17로 기입한다. 이하, 똑같이 가산해가서 10프레임까지 가산한 것이 득점으로 된다.
　(스트라이크나 스페어도 없을 경우의 최고 득점은 99점이 된다)

②스페어는 득점 10점에 다음 첫 번째 던지기 득점을 가산한다

1	2	3	4
8 /	G 9		
10	19		

1프레임 : 10 + 0 = 10
2프레임 : 0 + 9 = 9 / 19

1	2	3	4
7 /	8 /	9 /	
18	37		

1프레임 : 10(7+3)+8 = 18
2프레임 : 10(8+2)+9 = 19 / 37

1	2	3	4
G /	8		
18			

1프레임 : (0+10)+8 = 18

1	2	3	4
9 /	⊠		
20			

1프레임 : 10(9+1)+10 = 20

2. 볼링 용어해설

▶▶▶▶▶▶ ㄱ

가이드 스포트(guide spot): 레인 바닥에 붙인 10개의 동그란 표시.
거터(gutter): 레인 옆에 설치된 홈.
거터 볼(gutter ball): 핀에 맞기 전에 거터로 떨어져 버리는 것.
게팅 더 우드(getting the wood): 좋은 스코어에서 볼을 굴리는 것.
고 더 루트(go the route): 한 게임에서 세 번 이상 스트라이크를 내서 끝내는 경우.
골든 게이트(golden gate): ④-⑥-⑦-⑩핀을 남긴 스플리트.
골 포스트(goal post): ⑦-⑩핀을 남긴 스플리트.
그라스 호퍼(grass hopper): 강력하게 핀을 튕겨 날리는 파괴력이 있는 볼.
그랩(grab): 굴러가다가 핀 앞에서 갑자기 날카롭게 안쪽으로 굽어 들어가는 훅 볼.
그레이브 야드(grave yard): 시설이 나쁘거나 낡아서 컨트롤하기 어려운 레인. 기록 내기가 곤란하며 볼러를 애먹이는 레인이다. 그레이브는 묘지라는 말.
그레즈 브룩클린(graze brooklin): 왼손 투구의 스트라이크 포켓, 1번과 2번 핀 사이로 볼을 엷게 넣는 것.

▶▶▶▶▶▶ ㄴ

나이스 카운트(nice count): 제1구에 6개 이상 핀을 넘어뜨리는 것.
나인 앤드 위글(nine and wiggle): 핀을 9개 넘어뜨리고 1개의 핀만 흔들거리다가 결국 살아 남았을 경우.
노즈 히트(nose hit): 코뼈를 꺾는다는 뜻으로 1번 핀을 정면으로 맞히는 것.

▶▶▶▶▶▶ ㄷ

다임 스토어(dime store): ⑤-⑩핀이 남은 스플리트.

더블 볼링(double bowling):제1구를 던진 다음 그 볼이 돌아오지 않았는데 남의 볼 등 다른 볼로 제2구를 던지는 것. 이것은 매너에 어긋나는 행동.

더블 우드(double wood):①-⑤, ②-⑧, ③-⑨핀과 같이 핀이 두 개 남았을 때 그 중 한 핀이 다른 핀 바로 뒤에 있어서 잘 보이지 않는 모양.

더블 피너클(double pinnacle):④-⑥-⑦-⑩핀이 남는 스플리트. 이 용어는 ④-⑦핀, ⑥-⑩핀의 두 높은 봉우리가 나란히 있다는 의미. 피너클은 뾰족한 산봉우리를 말함.

더치맨(dutchman):스트라이크와 스페어가 또는 스페어와 스트라이크가 계속 나와 꼭 200점이 되는 게임. 샌드위치 게임이라고도 함.

데드 볼(dead ball):투구를 했으나 무효가 되어 넘어뜨린 핀이 득점으로 가산되지 않는 볼.

도도(dodo):별로 예가 드문 ①-⑩핀이 남는 것. 멸종된 새인 도도에서 온 것.

스리 쿼터(three quarter):어프로치 폭의 4분의 3정도의 왼쪽 위치에서 스탠스하여 포켓을 겨냥하는 투구. 아웃 사이드의 반대 뜻으로 이것을 인 사이드라고도 함.

▶▶▶▶▶ ㄹ

라이트(light):볼이 스트라이크 포켓에 들어가면서 핀 1개만 남기게 되는 것. 즉 완전한 히트가 아닌 것.

라이트 아웃(light out):최후에 투구하는 앵커맨이 스페어를 미스시키는 것.

라인 볼링(line bowling):레인의 판자를 표적으로 투구하는 방법. 일반적으로 판자뿐 아니라 스포트의 표적과 합쳐서 사용하는 수가 많음.

러닝 앨리(running alley):훅 볼을 만들기가 좋은 레인.

레인(lane):볼이 굴러가는 바닥으로 넓은 의미와 좁은 의미가 있음. 넓은 의미로는 어프로치와 거터를 포함한 투구대 전체를, 좁은 의미로는 실제로 볼이 굴러가는 바닥만을 가리킴.

레일 로드(rail road) : 스플리트. 철로의 의미로서 핀과 핀 사이가 멀리 떨어져 넘어뜨리기 어려운 상태.

롤링(rolling) : 볼이 굴러가는 궤도. 세미 롤링, 풀 롤링, 스피너의 3개가 기본.

로우 히트(low hit) : 1번 핀에 볼이 스치듯이 맞는 것. 하이 히트의 반대.

로프트 볼(loft ball) : 파울 라인 1m 앞쪽에 떨어지는 볼.

로프팅(lofting) : 파울 라인을 넘고 나서야 볼이 손가락에서 빠져 나가는 것. 첫째 손가락을 늦게 뺐을 때 이렇게 됨.

리드 오프 맨(lead off man) : 팀을 짜서 경기할 때 맨 처음에 던지는 사람.

리버스(reverse) : 현저하게 오른쪽으로 굽어 버리는 구질. 백 업 볼이 심한 경우.

리브(leave) : 제1구에 넘어지지 않고 남은 핀.

리세트(reset) : 핀을 핀 덱에 다시 세트하는 일.

리턴(return) : 던진 볼이 되돌아오는 것. 또 볼이 돌아오는 길.

리프트(lift) : 볼의 회전력을 증가시키기 위해 볼을 손에서 놓는 순간에 손가락으로 구멍을 걸어올리듯이 처리하는 동작.

릴리(lily) : ⑤-⑦-⑩핀 스플리트. 백합이라는 의미로 이것을 처리하기란 거의 불가능.

릴리즈(release) : 볼에서 손을 떼는 것.

▶▶▶▶▶▶ ㅁ

마크(mark) : 접전일 때 스트라이크 또는 스페어를 처리하는 것.

머더 인 로(mother in law) : 7번 핀. 심술궂은 시어머니처럼 구석에서 버티고 서 있다는 의미.

머피(murphy) : 스페어를 처리하기 쉬운 ②-⑦핀 스플리트. 또는 ③-⑩핀의 스플리트.

메이킹 인 피트(making in fit) : ④-⑤핀, ⑤-⑥핀과 같이 남아 있을 때 2개의 핀 사이로 볼을 던져 핀을 넘어뜨린다 하여 이렇게 이름지었음.

미스(miss) : 제2구째에 스페어 처리에 실패하는 것. 에러, 블로와 같음.
믹서(mixer) : 넘어진 핀이 다른 핀을 휘저으면 넘어뜨려 가는 것.

▶▶▶▶▶ ㅂ

바 메이드(bar maid) : ①-⑤, ②-⑧, ③-⑨핀 중 정면의 뒤쪽에 숨어 있는 5번, 8번, 9번 핀. 술집 여종업원이라는 의미로서 카운터 뒤에 있는 곳이란 뜻에서 이 이름이 붙었음.

박스(box) : 한 게임에서의 투구 구분. 프레임과 같은 뜻.

백 업(back up) : 오른팔로 던지는 사람의 볼이 왼쪽을 향해 활 모양을 그리며 가다가 오른쪽으로 휘어들어가는 것. 왼팔로 던지는 사람의 경우는 이와 반대.

버킷(bucket) : 오른팔로 던지는 사람의 경우는 ②-④-⑤-⑧핀 스플리트를, 왼팔로 던지는 사람의 경우는 ③-⑤-⑥-⑨핀 스플리트를 버킷이라 말함.

베드(bed) : 볼이 굴러가는 바닥. 앨리 베드, 레인 베드라고도 함.

베드 포스트(bed post) : ⑦-⑩핀 스플리트로 침대의 기둥같이 떨어져 서 있다는 의미.

베리 더 볼(bury the ball) : 1번 핀을 빗맞고 안쪽 핀으로 돌입해 들어가 버리는 것. 매장된 볼이라는 의미.

베이비 스플리트(baby split) : ②-⑦핀 스플리트 또는 ③-⑩핀 스플리트. 처리하기 어중간하여 머피라고도 함.

보크(balk) : 투구하기 전에 파울 라인을 밟는 것.

볼 랙(ball rack) : 볼을 두는 받침대.

브룩클린(brooklyn) : 오른팔로 던지는 사람의 경우에 1번 핀과 2번 핀 사이를 명중시키는 볼. 왼팔로 던지는 사람의 경우는 1번 핀과 3번 핀 사이. 뉴욕 시 맨하탄 로(路)의 동쪽 강가 왼편에 브룩클린 거리가 있는데 이것에서 연유된 이름임.

브리지(bridge) : 볼의 셋째 손가락 구멍과 넷째 손가락 구멍의 간격.

블라인드(blind) : 팀 멤버 중에서 결석자가 생겼을 때 거기에 주는 득점.

블로(blow): 두 번 투구했는데도 모두 핀을 넘어뜨리지 못한 것. 에러 와 같음.

빅 이어즈(big ears): 넘어뜨리기 어려운 ④-⑥-⑦-⑩핀 스플리트. 커다란 귀같이 서 있다 하여 이런 이름이 되었다.

빅 파이브(big five): 한쪽에 2개 그 반대쪽에 3개 핀이 떨어져 남은 스플리트. 예를 들면 ②-④-⑥-⑦-⑩핀 스플리트

빅 포(big four): ④-⑥-⑦-⑩핀 스플리트. 빅 이어즈와 같음.

빅 필(big fill): 핀이 8개 이상 남아 있는 스페어를 처리한 것.

▶▶▶▶▶ ㅅ

사워 애플(sour apple): 컨트롤이 나쁜 볼. 위력없이 한가운데 핀만 넘어뜨리는 볼. 원래 의미는 시큼한 사과.

샌드위치 게임(sandwich game): 스트라이크와 스페어를 번갈아 내어 200점을 득점했을 때의 게임

세트 업(set up): 10개의 핀을 규정 위치에 정확히 세우는 것.

소프트 앨리(soft alley): 스트라이크가 나오기 쉬운 레인. 슬로트 앨리와 같은 뜻.

스네이크 아이(snake eye): ⑦-⑩핀 스플리트. 뱀 눈같이 징그럽게 느낄 정도로 떨어져 있다는 의미.

스노 플라우(snow plow): 제설기처럼 탄력성있게 휘는 볼.

스몰 볼(small ball): 포켓에 정확히 들어가 스트라이크를 내는 볼을 뜻하지만 같은 스트라이크가 계속 나와 재미가 없다는 의미도 포함된 말.

스위퍼(sweeper): 핀을 옆으로 쓸듯이 넘어뜨리는 날카로운 훅 볼.

스코어(score): 득점. 원칙적으로 넘어뜨린 핀 하나가 1점이 됨.

스코어 시트(score sheet): 스코어를 기록하는 용지.

스코어 키퍼(score keeper): 스코어를 기록하는 사람.

스크래치(scratch): 핸디캡을 붙이지 않고 실제 스코어만으로 실력을 겨루는 것.

스탠스(stance): 투구하기 위해 볼을 가지고 자세를 취하는 것.

스트라이드(stride): 스텝할 때의 보폭(步幅).

스트라이크(strike): 제1구로 10개 핀을 모두 넘어뜨리는 것.

스트라이킹 아웃(striking out): 게임의 마지막 투구를 스트라이크로 장식하는 것.

스티프 앨리(stiff alley): 딱딱하여 볼이 빨리 굴러가는 레인. 훅 볼과 커브 볼을 던지기 어려워 홀딩 레인 또는 패스트 레인이라고도 함.

스팬(span): 볼에서 첫째 손가락 구멍과 다른 두 개 손가락 구멍과의 간격.

스페어(spare): 두 번 투구하여 10개 핀을 모두 넘어뜨리는 것.

스포트(spot): 투구할 때 눈 표시로 하기 위해 레인 위에 붙인 표시. 어프로치 위에 있는 것은 발 위치를 정할 때 사용하며, 앨리 베드 위에 있는 것은 볼 코스를 하여 겨냥할 때 사용.

스플래시(splash): 볼에 맞는 순간 10개 핀이 일시에 튕겨버리는 통쾌한 스트라이크. 이 말은 물을 튕긴다는 의미임.

스플리트(split): 제1구에 1번 핀을 포함하여 몇 개 핀이 넘어진 다음 핀들이 앞이나 가운데는 없고 옆으로 분산되어 있는 모양. 스페어 처리가 대단히 어려움.

스핀(spin): 투구 요령. 볼이 팽이처럼 옆으로 회전되게 던지는 기술. 이 스핀을 잘 하면 위력있는 볼이 됨.

스필러(spiller): 1번 핀에 슬쩍 맞아 다른 핀이 하나하나 천천히 무너지는 슬로 모션의 스트라이크.

슬로우 앨리(slow alley): 앨리 베드의 마찰이 커서 볼이 느리게 굴러가는 레인. 훅이나 커브 볼이 잘 됨.

슬로트 앨리(slot alley): 스트라이크가 계속 나오는, 상태가 좋은 레인.

슬리퍼(sleeper): ①-⑤, ②-⑧, ③-⑨핀이 같아 남아서 뒤쪽에 있는 ⑤⑧⑨핀이 잘 보이지 않는 상태.

신시내티(cincinnati): 8번, 10번 핀의 스플리트.

▶▶▶▶▶ ㅇ

아웃 사이드(out side) : 오른팔로 던지는 사람이 어프로치 중앙보다 오른쪽으로 치우쳐 서서 포켓으로 투구하는 것. 왼팔로 던지는 사람의 경우는 이와 반대.

아웃 앤드 인(out and in) : 볼이 크게 휘어지며 구르는 것. 또는 커다란 훅.

아치(arch) : 커다랗게 활을 그리며 굴러가는 훅 볼의 곡선.

애버리지(average) : 여러 게임의 득점을 합산하여 그것을 게임수로 나눈 점수. 즉 평균점으로서 볼러의 수준을 이것으로 알 수 있음.

앨리 베드(alley bed) : 볼이 굴러가는 바닥으로, 파울 라인에서 1번 핀까지를 말한다. 보통 앨리 또는 레인이라 부름.

앵커맨(anchorman) : 팀을 짰을 때 마지막으로 투구하는 사람. 책임이 무거움.

어프로치(approach) : 볼을 던지기 위해서 볼러가 스텝하는 곳.

에러(error) : 제1구로 넘어뜨리지 못하고 남긴 핀을 제2구로도 다 넘어뜨리지 못한 것. 즉 스페어 찬스의 미스임.

오프 세트(off set) : 핀이 핀 스포트 위에 정확히 세워져 있지 않는 것.

오픈 프레임(open frame) : 스트라이크, 스페어도 하지 못한 프레임.

온 더 노즈(on the nose) : 코를 맞힌다는 뜻으로 완전히 포켓에 들어가게 하는 것.

워시 아웃(wash out) : 제1구로 헤드 핀(1번 핀)만 남기고 다른 핀 모두를 넘어뜨리는 것.

원 인 더 다크(one in the dark) : ①-⑤, ②-⑧, ③-⑨핀이 남았을 때 앞 핀 뒤쪽에 숨겨져 있는 5, 8, 9핀을 말함.

이닝(inning) : 한 게임을 구성하는 열 번의 투구 중에서 하나의 난을 말함.

인 더 다크(in the dark) : 앞 핀 뒤에 숨어서 볼러에게 잘 보이지 않는 ⑤⑧⑨번 핀.

인사이드 스터프(inside stuff) : 팀 대항전 때에 상대방을 심리적으로 혼란시키려고 게임의 차례와 앉는 차례를 틀리게 하는 것. 벤치 워크와 같음.

▶▶▶▶▶ ㅈ

잭 맨더스(jack manders) : 간격이 크게 벌어진 스플리트 때 핀 사이를 볼이 굴러 빠져버리는 것.

저지 사이드(jersey side) : 오른팔로 던지는 사람이 1번 핀의 왼쪽을 맞히는 것이나 왼팔로 던지는 사람이 1번 핀의 오른쪽을 맞히는 것. 크로스 오버 브룩클린과 같음.

▶▶▶▶▶ ㅊ

체리(cherry) : 스페어를 처리하려고 제2구를 던진 경우, 앞쪽에 있는 핀은 넘어뜨렸으나 뒤쪽의 핀이나 좌우의 핀을 넘뜨리지 못해 에러가 된 것. 기호는 C.

촙(chop) : 앞쪽의 핀만 넘어뜨리는 것. 즉 체리와 같음.

쵸크(choke) : 릴리즈를 미스하는 것.

치즈 케이크(cheese cake) : 볼이 스트라이크 존에 잘 들어가는 레인. 치즈 과자같이 매력있는 레인이라는 의미.

▶▶▶▶▶ ㅋ

카운트(count) : 스페어를 처리한 뒤 다음 프레임의 제1구로 넘어뜨린 핀 수. 득점은 앞 스페어에 가산시킴.

카운트 다운(count down) : 제1구째에서 핀을 6개 이하로 넘어뜨린 경우를 말함.

커브 볼(curve ball) : 볼을 던진 경우, 오른쪽으로 휘어져 나아가다가 다시 왼쪽으로 커브를 그리며 들어가는 구질. 왼팔로 던지는 사람은 이와 반대쪽으로 휘어 들어가는 볼.

커터(cutter) : 볼이 핀을 날카롭게 때려 마치 풀을 베어 버리듯이 쓰러뜨리는 힘있는 볼.

쿠션(cushion) : 볼이 부딪칠 때의 충격을 막기 위해 핀 덱 뒤쪽에 늘어 뜨린 고무막.

크로스 앨리(cross alley) : 어프로치 오른쪽에서 왼쪽에 있는 핀을 겨냥하는 것. 또는 왼쪽에서 오른쪽 핀을 겨냥하는 것. 볼이 앨리 베드 위를 대각선으로 굴러가도록 하여 양끝에 있는 핀을 처리할 때 사용함.

크로스 오버(cross over) : 오른팔로 볼을 던져 1번 핀 왼쪽을 맞히는 것. 또는 포켓의 반대가 되는 1, 2번 핀 사이를 겨냥하는 것. 브룩클린과 같은 뜻.

크룩키드 암(crooked arm) : 오른쪽 팔꿈치를 구부려 투구하는 훅 볼.

크리스마스 트리(christmas tree) : 오른팔로 던지는 사람에게는 ③-⑦-⑩핀 스플리트, 왼팔로 던지는 사람에게는 ②-⑦-⑩핀 스플리트를 말한다. 남은 3개의 핀을 묶는 선이 크리스마스 트리와 닮은 형이라 하여 이렇게 이름지었음.

크리퍼(creeper) : 슬로 볼. 슬슬 움직인다는 의미임.

킥 백 플레이트(kick back plate) : 핀을 세운 곳의 좌우에 있는 판벽.

킹 핀(king pin) : 1번 핀과 5번 핀을 가리키기도 하고 스트라이크를 내는 열쇠가 되는 핀으로 키 핀이라고도 함.

▶▶▶▶▶ E

탠덤(tandem) : 정면에서 보면 1개처럼 보이지만 실제로는 2개 핀이 앞뒤로 겹쳐 있는 것. 더블 우드와 같은 의미임.

탭(tap) : 볼이 완전히 포켓에 들어갔는데 핀이 하나 남은 경우.

터키(turkey) : 3회 연속해서 스트라이크를 내는 것.

턴(turn) : 볼을 놓기 전에 손목을 약간 구부리는 것.

텔레폰 폴(telephone pole) : ⑦-⑩핀 스플리트. 전선주같이 서 있다는 의미.

토털 핀(total pin) : 넘어뜨린 핀의 총수.

트리플(triple) : 3회 연속 스트라이크가 나오는 것. 터키와 같은 뜻.

트리플 키트(triple kit) : 세 게임을 했는데 각 게임마다 스코어가 똑같이 나온 경우.

▶▶▶▶▶ ㅍ

파워 하우스(power house): 핀 10개 모두를 피트 속에 넣어버리는 스트라이크.

파운데이션(foundation): 제9프레임에서 나온 스트라이크를 특별히 이렇게 부름.

파울(foul): 투구할 때 파울 라인을 밟거나 몸의 일부가 파울 라인에 닿는 경우를 말함. 이것은 반칙으로 투구된 볼이 핀을 쓰러뜨려도 득점은 되지 않음.

파울 라인(foul line): 어프로치와 앨리 베드의 경계를 표시하는 검은 선.

퍼들(puddle): 거터 볼. 웅덩이라는 뜻.

퍼펙트 게임(perfect game): 스트라이크를 12회 연속으로 내어 300점이 된 게임.

펜스 포스트(pence post): ⑦-⑩핀 스플리트.

포이즌 아이비(poision ivy): ③-⑥-⑩핀 스플리트. 독있는 덩굴의 뜻.

포켓(pocket): 스트라이크를 내려고 볼러가 겨냥하는 곳. 오른팔로 던지는 사람은 1번 핀과 3번 핀 사이. 왼팔로 던지는 사람은 1번 핀과 2번 핀 사이를 말함.

포 타이머(four timer): 4회 연속 스트라이크를 내는 것.

폴로 스루(follow through): 볼을 던진 뒤의 자세.

풀 히트(full hit): 레인의 중심선 또는 그 근처의 어프로치에서 목표하는 핀을 겨냥하여 넘어뜨리는 것.

프레임(frame): 한 게임에 열 번을 투구할 수 있는데, 한 번 볼을 던지는 횟수 또는 스코어 시트의 한 칸을 프레임이라고 함. 이닝이라고도 함.

플랫 앨리(flat alley): 마찰이 심해 볼 회전이 늦어지는 레인. 훅 볼과 커브 볼 내기가 좋음.

피치(pitch): 손가락 구멍의 각도.

피킷 펜스(picket fence):①-②-④-⑦핀 또는 ①-③-⑥-⑩핀 모양으로 남은 핀.
피트(pit):볼에 맞은 핀이 떨어지는 낮은 장소.
핀 덱(pin deck):핀을 세우는 장소.
핀 스포트(pin spot):핀을 세우는 위치를 나타내는 표시.
핀칭 더 볼(pinching the ball):볼 잡는 법이 너무 강한 것.
필(fill):스페어 처리로 넘어뜨린 핀 수.

▶▶▶▶▶ ㅎ

하이 게임(high game):최고 득점을 한 1게임을 말함.
하이 히트(high hit):1번 핀을 아주 강하게 넘어뜨리는 것.
핸디캡(handicap):실력 차이가 클 때, 잘하는 사람이 안는 부담. 게임이 시작될 때 못하는 사람의 스코어에 몇 개의 핀 수를 미리 첨가시킴.
헤드 핀(head pin):1번 핀
홀딩 앨리(holding alley):볼이 잘 휘어지지 않아 훅이나 커브 볼을 만들기 힘든 레인.
홀(hole):①-③핀 사이.
훅 앨리(hook alley):볼이 잘 되는 레인.
훅킹(hooking):핀 앞 2, 3m 지점에서 볼이 핀을 향해 갑자기 휘어 들어가는것. 오른팔로 던진 볼은 왼쪽, 왼팔로 던진 볼은 오른쪽을 향해 굽어 들어가며 이것이 훅 볼임.

당신의 실력향상은 곧
一信의 자랑입니다.
● 一信·스포츠 서적 편집실 ●

사진해설판!!
초보자를 위한 텍스트!!

어느 분야나 마찬가지로 기초를 마스터한다는 것은 무엇보다도 중요한 것이며 기초를 마스터함으로서 훌륭한 꽃을 피울 수가 있게 된다. 볼링에 있어서 그저 기계적으로 던진다고 하는 생각만으로서는 볼링의 즐거움을 반감시켜 버리고 만다.
한시라도 빨리 기초를 완전히 파악해야만 한다는 것이 초보자에게 있어서는 무엇보다도 커다란 도움이 될 것이다.
그를 위해 이 책이 유효하게 활용될 것을 믿는다.

스포츠 서적 편집실 · 4 · 6판/184면

INSTANT BOWLING LESSONS
인스턴트 볼링 레슨

현대인의 스트레스 해소의 첩경이라고 하는 볼링이 특정인에게만 보급되고 애용되었던 것은 이미 낡아버린 사고방식이라 하겠다.
이와 병행하여 수많은 경비를 들여야만 만들어지는 볼링장이 우후죽순처럼 늘어나고 있으며 일반인이나 학생층의 아낌없는 인기를 받고 있는 볼링의 인구가 기하급수적으로 늘고 있다는 것이 사실이다.
이런 실정을 참작하여 이 책에서는 볼링 기초를 단시일에 정확히 마스터하도록 했으며 특히 현대 미국 톱볼러들의 최신 폼을 수록하였다.

돈 카터
신국판/120면

BILLIARDS
당구 총서

H201 당구 기술 레슨 스포츠 편집실 편/신국판/192면
당구의 전반적인 것을 초등편과 고등편으로 나누어
초보자라도 쉽게 당구 기술을 익힐 수 있는 기본서.

H202 당구 기술 교본 스포츠 편집실 편/신국판/224면
실전과 이론을 겸한 당구의 기본적인 모두 수록, 특
히 4구 경기의 초보적인 기법을 도해(圖解)로 풀이.

H203 당구 기술 마스터 스포츠 편집실 편/신국판/208면
기초 훈련이 모자란 사람을 위한 당구의 입문서. 당
신의 실력을 보다 더 향상시켜 줄 것이다.

H204 당구 첫걸음 편집실 편/신국판/176면
초심자에게는 기초 연습 방법을, 중·상급 실력자에
게는 고등 기술의 방법과 주의점을 제시하고 있다.

H205 당구 기술 백과 스포츠 편집실 편/신국판/224면
초심자는 물론 중급자의 테크닉을 체크할 수 있도록
필요한 기본 기술을 알기 쉽게 해설하고 있다.

H206 당구 기초 핸드북 스포츠 편집실 편/신국판/168면
그림과 사진을 풍부하게 사용한 초심자 전용의 입문서.

H207 당구 기초 가이드 스포츠 편집실 편/신국판/192면
당구를 시작하려는 이들에게 이 책은, 기초 연습과
테크닉을 구사할 수 있도록 잘 설명하고 있다.

일신서적출판사 영업부 703-3001~6 FAX 703-3009
편집부 703-3007~8

일신의 테니스 총서가 당신의 유능한 스승이 되어 드립니다

H401 인스턴트 테니스 레슨
국판 / 192면

H402 기초 테니스 교본
국판 / 196면

H403 테니스 기술
국판 / 192면

H404 테니스의 타법과 전략
국판 / 224면

H405 속성 테니스 레슨
4·6배판 / 224면

H406

ⓤ 일신서적출판사
121-110 마포구 신수동 177-3
영업부 : 703-3001~6 편집부 : 703-3007~8

─信의 GOLF 총서

"나이스 샷──"

멋진 샷은
　감(feeling)과 이론(theory)이
　　뒷받침되어야 합니다.

● 이 점만은 바로잡고 싶을 때
H301 골프 핸드북

● 기본기와 응용실전을 위해서는
H302 골프 교본

● 잭 니클라우스의 레슨을 받는
H303 골프 기본 기술

● 실전에 뛰어난 효과를 가져다 줄
H304 인스턴트 골프 레슨

● 낭비없는 스윙 만들기를 위해서
H305 골프 스윙 마스터

● 핸디 100을 끊기 위한 포인트
H306 나이스 골프 레슨·I

● 핸디 90을 끊기 위한 포인트
H307 나이스 골프 레슨·II

● 핸디 80을 끊기 위한 포인트
H308 나이스 골프 레슨·III

● 초보자에게 자신감을 부여하는
H309 기초 골프 교실

H310

 일신서적출판사　703-3001~6　　FAX 703-3009

- 저　자 / 須田開代子
- 역　자 / 스포츠 서적 편집실
- 발행자 / 남　　　용
- 발행소 / 一信書籍出版社

주소 : 121-110 서울 마포구 신수동 177-3
등록 : 1969. 9. 12. NO. 10-70
전화 703-3001~6
FAX 703-3009
ⓒ ILSIN PUBLISHING Co.

값 13,000원